新版 続・授業の腕を上げる法則

学芸みらい教育新書 6

向山洋一
Mukoyama Yoichi

学芸みらい社

まえがき

法則化運動は、一九八四年に起ち上げました。それから約一五年後、二十世紀の終わりに発展的解消をして、TOSSという研究団体として新たにスタートしました。以来一五年が経ち、TOSSは教育研究や教育実践、また教材開発等だけでなく、社会貢献の分野にまで活動の範囲を広げるようになりました。その結果として、たとえば、文部省や観光庁からは感謝状をいただいたりしています。

詳細は、TOSS公式ホームページをぜひご参照ください。

前作の『授業の腕を上げる法則』では、直接授業にかかわる技術の初級程度のことを示しました。つまり技術編です。今回は、授業の技術を支える技量というべきもの、プロの心構えというべきものを示したわけです。「技術」

よりもいく分「教師の心」に重心を置いて表現したわけです。

もちろんすぐに役立つ方法も示してあります。前作を初級編とすれば、今回は中級編にあたります。ただし、前作の初級編は初級編といってもかなり高度なものです。あれだけで「とりあえずプロの技術といえる」というものです。そのために「初歩の初歩」が抜けていました。

それで、この本では「中級編」に加えて「新卒教師のための五カ条」を特別に追加しました。私が千葉大学の講義で話をした「新卒教師のための一〇カ条」を整理したものです。私もそのようにして自分を磨いてきました。きっとお役に立ちます。


前作で紹介した教育技術の法則化運動は、ものすごい勢いで全国に広がりました。『教育技術の法則化シリーズ』（第一期）は、発刊して半年で、販売数一五万冊を記録しました。「全国から集めた役立つ技術」は、各地でひっぱりだこでした。全国各地に「法則化サークル」が、次々と作られていきました。

法則化運動が発祥して、わずか一年半後には、朝日新聞、毎日新聞が「教育特集」の欄で「教育技術法則化運動」を大きくとりあげました。しかも両紙の記事は一週間と離れていませんでした。これはかなり異例のことであり、法則化運動がいかに注目に値する運動であったかを物語っています。その後は、朝日テレビやＮＨＫ等でも同様に紹介されました。また、現在の閣僚大臣の一人は、当時ある巨大組織の青年部長として三千人の教育者を前に「今、教育界では、向山シンドローム現象が起きています」と講演をしていただそうです。そんなところからも注目していたのかと思うほどでした。

法則化運動との出逢いは、五〇年に一回、一〇〇年に一回というほどの歴史とのめぐりあわせだと思います。作ろうとしても作れる運動ではありません。二〇年前でも、後でもだめだったでしょう。時宜に適ったとしか考えられないのです。幸運だったのです。

私自身が誰よりもこの時代に教師であったことの幸運を実感しております。

教師なら、子供にとってより価値のある授業をするための努力を！　私も、愚直な努力を続けます。

目次

第1章

授業の原則（技能編）八カ条

教育技術の法則化運動は「技術至上主義」だと批判する方がいる。

私は、技術を過大に評価したことは一度としてない。

医者が医療技術をもって医療行為をするように、教師も教育技術をもって教育活動をせよと主張しているにすぎない。

「教育」という仕事の中で、技術によって解決できることは、ごく小さいものにしかすぎない。

読者諸賢にお尋ねしてみよう。一〇〇パーセントのうち、どのくらいであろうか。

> 優れた教育技術・方法によって解決できる割合＝□パーセント

どうか、数字をご自分で入れていただきたい。法則化運動を批判される方にも尋ねてみたい。

「まあ半分程度、五〇パーセントぐらい」と考えられるだろうか。

「いや、優れた技術・方法なら八〇パーセントぐらいいく」と思うだろうか。

「そんなことあるもんか、いくら優れた技術・方法だって三〇パーセントぐらいのものだ」とお考えだろうか。

私の数値はちがう。教育技術の法則化がかなり成功した場合、その場合で「七、八パーセント」ぐらいだと思う。一〇パーセントはいかない。

教育技術・方法ができる範囲なんてそんなものだ。だが、誤解しないでほしいが、このわずか数パーセントがアマとプロとの決定的なちがいになるのである。

さて、問題はこれからである。

では、残りの部分、教育にとって最も大切なことは何だろうか。

法則化運動のことを「技術至上主義」と批判する方々は言われる。

「教育にとって最も大切なのは愛情なのだ」

私はここでいつも、おそれ入ってしまうのだ。

「教育にとって最も大切なのは愛情だ」というのは、技量のない教師の逃げ口上だ。授業がへたな教師のかくれみのだ。

子供への虐待、暴力、みんな「子供への愛情」を錦の御旗にしてきたのである。

手塚治虫の「ブラックジャック」は、優れた技術によって、それだけで患者の命を救う。自分が生死の境に立たされた時、「愛情だけを口にして技術のまるでゼロな医師」よりも「ブラックジャック」のような医師を選ぶ人は多いだろう。

ある時京都の青年教師から、私の本をバスの中で読了し、興奮した様子の次の手紙が届いた。

前略

初めてお便り差し上げます。私は教職三年目の二七歳の男性です。現在、小学校四年生を担任しています。

現在の時刻が夜の一一時、実は出張の帰りに寄り道（書店ですが）したため大変おそくなってしまったのです。明日は参観日、どんな授業をするのかまったく決めていません。参観日だけじゃありません。午後からは組合青年部の教研があり、何と自分の一番苦手な司会を仰せつかったのです。もう大変なピンチにおいこまれ、もしかしたら今晩は徹夜かもしれません。こんな手紙など本来なら書いている場合ではないのですが、どうしても気持ちを押さえることができませんでした。今日初めて書店で向山先生の本を二冊（『教育技術の法則化①』『授業の腕をあげる法則』）購入して、帰りのバスの中で一気に読んでしまったのです。久々に興奮しました。今まで私が心の奥底で思っていたこと、願っていたことが、これほど明確に本に書かれていたとは！　そして、すでに法則化運動が存在しているとは！　今まで向山先生のお名前は知っていましたが、なぜもっと早く本を買わなかったんだろう、と後悔しています。

　向山先生や法則化運動などについて、もっともっとくわしく知りたいと思います。とりあえず、向山先生の本は全部買って読もうと思っています。現在の私が欲しいのは、子供への愛でも教育への熱意でもなく（そんなものありあまるほどあります）、一にも二にも教育技術です。「クラスがよくなるのも悪くなるのもすべて担任次第、けっして子供の責任ではない」。この考えは、新任以来ずっと持ち続けてきました。それ故に、私のこの三年間は、子供への罪悪感に悩まされ、どうすることもできない無能な自分をなげくより他になかったわけですが、こんな私が向山先生を知り、法則化された技術を学んでゆけるすべを知ったことは一つの光明です。これから精一ぱい勉強したいと思います。よろしくお願い致します。

この青年教師は「愛情などありあまるほどあるのだ」と言っているわけである。

そんなものがあったとしても、子供への罪悪感をぬぐい去ることができなかったのである。

若いというのはすばらしいことだ。

年輩の人が「愛情こそ大切だ」などと言って逃げていることを、鋭い感性、責任感、正義感で、あばき出してみせる。

さて、愛情ではないとしたら、一体、教育にとって大切なのは何なのだろう。

それは「一人一人の子供自ら伸びていく力がある」ということの認知なのである。教師は子供が伸びていくのを助けているにすぎないということの自覚なのである。

教師のできることはたかが知れている。

だから教師は尊大になってはだめだ。自分が育ててやるなどと思い上がってはだめだ。伸びていく子供たちの力を支えるのだという謙虚さがなければならない。

そして、伸びていく力を助けるのに、一方では愛情が必要で、一方では技術が必要なのである。

技術もなしに助けることなどできないのである。医師と比較すれば分かるであろう。

「技術のない教師」は「愛情によって伸ばそう」とするらしいのだが、伸びるのを助けるどころか、子供のもっている伸びていく力を殺してしまっている場合が多い。

本を読まない教師の怖ろしさは、我流の方法によって、このような子供の伸びていく力を摘みとってしまうところにある。

さて、『新版　授業の腕を上げる法則』(学芸みらい社)では、「授業の技術」を中心に書いた。今回は「伸びていく子供の力を助ける教師の仕事」の骨格的部分を示すことにする。

優れた教師は優れた教育技術を使いこなすが、しかしそれは彼の技量の根幹ではない。優れた教師は優れた教育観の持ち主でもある。

1　第一条　子供の教育は菊を作るような方法でしてはならない

「一人一人の子供を大切にする」という言葉がある。この言葉の意味を、うっすらと理解するのに五年はかかるだろう。今まで、何ということもなく使っていた言葉に「そうだったのか！」と新発見をするような、感動を伴った理解を得ることである。私は五年かかった。この言葉を見直すことができて、セミプロの入り口だろう。

「一人一人の子供を大切にする」というのは、「全員発言させる」「全員一〇〇点をとらせる」ということだけを意味するのではない。また、「全員をできるようにさせる努力」をぬきにして「できなくてもいいよ」などと、のん気ななぐさめを言うようなことを意味するのでもない。「一人[A]一人[B]を大切にする」という言葉の、AとBが個々のものとして見えてくることなのである。

第二回「教育技術二〇代講座」は、東京青山会館で開かれた。全国から集まった若い教師に、私は次の文章を読んだ。

> 総じて人を取り育て申す心持ちは菊好《ず》きの菊を作り候様には致すまじき儀にて、

百姓の菜大根を作り候様に致すべき事に御座候

この文章は、江戸時代中期の学者細井平洲の『嚶鳴《おうめい》館《かん》遺《い》草《そう》』の「つらつらふみ」の中に出てくる文である。

さて、読者のみなさんもお考えいただきたい。なぜ、子供を教育する時に「菊好きの菊作り」のようにしてはいけないのか。なぜ「百姓の菜大根を作る」ようにしなければいけないのか。講座の参加者のうち一〇名ほどに訊いてみた。いろんな意見が出た。

「きれいなものを作るのではだめだ」とか、「汗を流さなくてはいけない」とか、「大地で作らなくてはいけない」とか……。細井平洲が述べたのと同じ意味を言ったのはただ一人、京浜教育サークルの長澤敬子氏だった。

もう一度、読者のみなさんはいかが考えるだろうか。ご自分の答えを確定していただきたい。教育に対する自分の考えを見つめ直してみるよい機会である。

人を育てる時、なぜ「菊作り」の方法でしてはいけないのか。細井平洲は次のように続ける。

菊好きの菊を作り候は、花形見事に揃い候菊ばかりを咲かせ申したく多き枝をもぎとり数多《あまた》のつぼみを摘みすて、のびたる勢いをちぢめ、わが好み通りに咲くまじき花は花壇中に一本も立たせ申さず候。百姓の菜大根を作り候は、一本一株も大切にいたし、一畑の中には上出来も有りへぼも有り、大小不揃いに候ても、それぞれに大事に育て候て、よきもわろきも食用に立て申す事に御座候

つまり「菊好きの菊作り」は、見事な花を咲かせたいために、自分の好みどおりになるように、あれこれ手を加えるというわけである。つぼみを摘みすてたり、伸びようとする勢いをちぢめたり……。子供を育てる時に、このような方法はいけないと細井平洲は言っているのだ。

しかし、教室における教師としての自分をふりかえっていただきたい。こんなことはないだろうか。「子供を立派にしたい」「自分の教室を立派にしたい」というために、「怒鳴ったり」「やろうとすることを止めたり」あれこれ手を加えていないだろうか。

「子供を育てる」というのは、百姓が一本一株の野菜を大切にして育てるように、大小不揃いであっても、それなりに一本一株を大切にして育てるようにすべきなのである。これは、つまりは、最近流行の個別化・個性化教育である。大学の先生の分かりにくい説明に

比べて、細井平洲の何と明快であることか。

このような教育理念は、細井平洲一人のものではなかったはずである。たとえば、次の一例からもうかがえる。

> 鋭きも鈍きもともに捨てがたし
> 錐と槌とに使い分けなば
>
> 広瀬淡窓《たんそう》

大分県日田市で見た文である。細部にまちがいはあるかもしれないが、意味は十分に通じるはずである。この理念は、幾世代かをとおして生き続けている。優れた理念は、時代を超えて作用するのである。

さて、この話には後日談がある。教育技術二〇代講座には、何と「平洲小学校」(愛知)の先生が出席していたが、この言葉のことは、知らなかったらしい。また、細井平洲のことを『学校運営研究』誌、一九八六年一月号に書いたところ、平洲中学校の校長先生からごていねいなお手紙をいただいた。教育の仕事における印象的な出会いであった。

2　第二条　子供は断片的にしか訴えない。言葉にさえならない訴えをつかむのは教師の仕事である

「いじめ」が問題になることがある。

「私は知らなかった」と言う教師が多い。知ろうと努力していてなお知らなかったのなら、少しは許される。そんな努力もしないで「知らなかった」などという言葉は許されることではない。「いじめ」など教師が本腰を入れて知る努力をしなければつかめるものではないのである。

たとえば、高学年の女子がグループでいじめをするとしよう。グループでは次のような申し合わせがされる。

「○○さんとぜったい口をきかないようにしよう。もし口をきいたらその人も仲間はずれにしよう」

問題なのは、後半である。自分で自分の首をしめるのである。

掟を破ったら、その本人が無視されるのだ。だから、絶対と言っていいほど表面には出てこない。

このように「いじめ」は水面下にもぐるのを知っていれば、教師なら対応のしかたはある。

この例の場合は、「女のいじめは男に訊け！」という原則が生きてくる。男子なら、少しは話してくれるからである。


授業中発言したい子供がいる。手が挙がらない時も多い。しかし、しゃべりたい子は、かすかに小指が動く。指先の動きを見逃さない教師なら、その子を指名することができる。

低学年の子供が教師のそばに来る。

「先生、あのね」

何かを話し出す。まとまっていないことが多い。当然のことなのだ。断片的にしか訴えられないのである。

「先生、紙」と断片的にしか訴えられない子供に、「何ですか、全部言ってごらんなさい」と言って「先生、ノートがなくなりました、紙をください」と言わせるのは大切なことだ。

言葉をきちんと言わせる指導は、学校教育の大切な部分である。

「最近の子供は、言葉を断片的にしか言わない」という主張があるようだが、私は賛成しかねる。昔の子供は、もっと断片的だったのではないかと思う。戦前の子供の「詩」など、まるでブッキラボーなのが多いからだ。

子供とは、もともと断片的にしか訴えられないのだ。だからこそきちんと言えるようになる指導も必要だし、また、断片的なことから、その奥の真意を理解する教師の技量も必要なのだ。

「最近の子供は、言葉を断片的にしか言わない」という主張は、教師の指導を「主語・述語をしっかりと言う」という指導だけに閉じ込めがちである。

3　第三条　子供を理解することの根本は、「子供が自分自身のことをどう思っているのか」ということを理解することである

教師だから子供のことを理解しなければならない。しかし、自分はクラスの子供のことを理解していると思い込んでいる教師は多い。

「この子は野球が得意で、その子は人間が優しくて、あの子は少し好き嫌いがあって……」

この程度の把握だけで、子供を理解していると思っている教師がいる。こういうことも大切ではあるが、しかしそれは素人程度のことなのだ。

子供は心でいろんなことを思っている。「私は何をやってもだめだ」と思っている子もいる。「あんなにできる子が」と思う子が、自信をなくしている場合もある。

自殺した中学生の絵で、表面に笑った顔が描かれ、裏面に血を流している姿を描いたものがあったという。この子は、どれほど、自分自身のことを傷め付けていたことか。

教師が子供を理解するには、表面だけ見ていてもだめなのである。子供の内側を見なければならない。それはつまり「子供が自分自身のことをどう思っているのか」ということ

を理解することなのである。

だから教師は「鈍感」ではいけない。研ぎすまされた感性を必要とする。包み込むような温かさを必要とする。「シール」を与えて「競争」をさせるというような、最低・最悪の教育をしている教師には、子供の心の奥底は見えてこないのである。

旧陸軍軍人で馬術家の遊佐幸平氏の文章に次のようなものがある。

> 調教の第一歩は、愛されていることを馬に自覚させることである。

さっきの言葉と直接関係はないが、共通するものがある。

つまり、「教育」する時に「教師側」からではなく「教えられる側」から発想することである。

「調教の第一歩は、馬を愛することである」としたのなら、何ということもない。こういう俗な言い方をする人間は多いものである。「教育の第一歩は、子供を愛することである」など、したり顔の教師が言いそうである。しかし、さすがに一流の人ともなるとちがう。

「愛されていることを馬に自覚させることである」と表現するわけである。

低俗な表現と一級品の表現とは、似ているようでありながら、ちがいは大きい。これが、アマとプロの差である。三流と一流のちがいである。表現がちがうだけでなく、方法・技術も当然ちがってくる。

もう一度言う。

「子供を理解する」というのは「あの子はこういう子よ」と通俗的な評価をすることではない。「子供が自分自身のことをどう思っているのか」ということを理解することなのである。

この差は大きい。

教師にこれができれば、「いじめ」「自殺」など、ほとんど解決するのである。

4　第四条　意見にちがいがある。だから教育という仕事はすばらしいのだ

授業で子供に意見を求める。すると、考えてもみなかったとんでもない意見が出る時がある。そんな時に「ちぇ、しょうがないなあ」と思う教師がけっこういるらしい。

とんでもない意見が出た時、私は「しめた！」と思う。日本教育技術学会理事で名誉会長の野口芳宏氏も「しめたと思う」と言う。

とんでもない意見、常識はずれの意見が出るからこそ、授業は発展もするし、深いものにもなっていくのである。

もちろん、中にはどうしようもないような意見もあることはある。しかし、子供の意見の大方は発展性のあるすばらしいものである。教師に技量が足りないために発展させられないだけなのだ。

たとえば、予備校の講師なら、教えることだけを一方的にしゃべればいいだろう。

『広告批評』一九八五年五月号には予備校が特集されていて、代々木ゼミナールの授業の名人、有坂誠人氏と土屋博映氏の「名物講義再録」が出ている。さすがにうまい。受講生の数でギャラが異なるという試練を勝ちぬいてきただけのことはある。

これは、一つの授業として立派なものだろうが、知識をはやく、確実につめ込むという一点だけに比重がかかっているのは否めない。

しかしながら「授業は討論の形をあこがれる」のである。

それは、それぞれの人間が自分の立脚点から、相手とのツーウェイをとおして一つの結論に到達するからである。討論は異なる意見がなければ成立しないのである。

話はそれるが、私はいくつもの企画をプロデュースしてきた。その中で思うことがある。

なぜ教師はこんなにまで同じになりたがるのかと……。

普通の会社では、同じであることなどほとんど認められないのである。ビジネス書の一冊、二冊を読めばよく分かるはずである。

「全員が賛成するような企画は失敗する」

これはもう常識である。

「賛否が分かれて、賛成がやや多い企画は手遅れである」

これも常識である。

「賛否が激しく分かれて、反対が多い企画ならやってみる価値がある」

これが、当たり前なのである。

ビッグな企画で、重役全員が反対をして社長一人が推進したというようなことは、いくらでもある。

京浜教育サークルは、法則化運動の事務局を担当していたが、大変に自由なサークルで、みんな思い思いのことを言い合った。

四〇歳を超えた私を「向山」と呼びすてにするのは、創立時からの仲間の石黒・松本・井内の三氏しかいない。この三人が「向山の最近の論文はおかしい」と言ったりもした。

さて、このサークルでは次々と新しい仕事にとりかかった。

しかし、「全員で決めたからみんなでやろう」などということは絶対にない。「全員が話し合って納得したら」という企画は失敗するに決まっているからである。

「半分の人は、わけが分からない」「四分の一の人はどちらかというと反対」「残りの四分の一の人は言ってることだけは分かった」というあたりで走り出してしまう。

このくらいの企画なら成功するのである。

「とんでもない意見」を大切にする教室なら、次から次へと意見は出てくる。子供はのびのびと発言をする。私の教室で授業をされた金沢のM・M氏は「向山学級の子供は実にのびのびといろんな意見を言う」とおどろかれていたが、それはどんな意見も大切にされてきたからである。

しかし、「とんでもない意見」をしめ出す時、子供は教師に受け入れられることしか言わなくなる。もちろん「そんな意見だめでしょう」と教師が言わなくても同じである。さり気なく「とんでもない意見」をとり下げる、あるいは無視する、そういうことに子供は敏感なのである。教師は見抜かれているのだ。

ある対談で糸井重里氏は次のように語っている。

城山　作文は？

糸井　下手だったです。書けないんですよ。当時は生活綴り方だったんですよね、方針が。生活綴り方っていうのは、見た本当のことをそのまま書いて、今で言えば、ホンネがあらわれてて、ちょっとこんなこと書いていいのかなっていうようなところが教師の心を打つわけですよね。

ぼくは、それ、書けないんですよ。いつでも、そこを避けて作文を書かなきゃなんなくて、そうすると、もう書けるものってないんですよね。だから、擬人法の勉強とかいって、ぼくは消しゴムですとか、そういうときには生き生きしてまして、楽しかった(笑)。そういう作文になるとホッとしました。だから、父のことを書けだとか、母のことを書けみたいなことは、いやでしたね。(『軽やかなヒーローたち　城山三郎対談集』講談社)

「生活綴り方」が日本の教育に与えた成果はとても大きい。私はそう確信している。しかし、いかなる優れた方法にもマイナスがある。そのマイナスの一つが引用したようなことを引き起こしていたのである。つまり、教師の気にいるような作文を書かざるを得なかったと言わしめる苦痛を一部の子に与えたことである。

糸井重里氏の一例だけを示したが、このように感じた人は多いはずである。私はいくつかの事例を本で目にしている。

生活綴り方をやった教師はきっとまじめな教師だったのだろう。だから一部の子には悲劇でもあったのである。

板倉聖宣氏は何かの本で「私には記述式テストより○×式テストの方がよかった。○×式の方が客観的だったからである」というような内容のことを書いておられた。

「あらゆる意見のちがいを認める」ことが運動の基本になっているのは法則化運動ぐらい

だろう。この点で法則化運動は徹底している。

それにいくらか近いのは板倉聖宣氏が庄司和晃氏らと提唱した「仮説実験授業」であろうか。法則化運動には多くの民間教育運動の方が参加してくるが、大概今までいた方をやめるようである（私は「両方ともやった方がいい」とすすめているのだが）。ところが、仮説に参加している方は、両方やる方が多い。

ただ一九八五年の年末はちょっと大変で「名古屋の仮説合宿で法則化批判を聞きました」「金沢の仮説合宿で法則化批判を聞きました」「大阪の仮説の入門講座で講師のうち二人が、毎日新聞の記事を引用して法則化批判をしていました」と、次々に手紙が届いた。私どもの法則化運動では、仮説実験授業を高く評価しているので、変に思ったらしい。

が、意見にちがいが出るのは当然である。教師の中でも、仲の良い間柄でさえ異なる意見があるのが当然なわけだから、子供についてのことならなおさらのことだと思う。

意見にちがいがあるから、人生はすばらしいのである。

5　第五条　時には子供の中に入れ。見え方が変わる

私の勤務していた学校には、以前「子供と遊ぶ時間」というのがあった。朝の一〇分間を自分のクラスの子供と遊ぶのである。年輩の教師にはつらいことであったにちがいない(最近、それが分かるようになった)。

この時間は、子供たちにすごい人気で、朝、教員室の窓に子供が鈴なりになった。いろんな遊びが行われた。もちろん学年によってちがいがあった。低学年は伝統的な遊び、高学年は走りまわるものというように……。

この遊びの中で、いろいろなことを教えられた。まず「今、流行している遊び」を知ることができた。「なーんだ」と思われる方もいるかもしれないが、「現在、あなたのクラスで流行している遊びは何ですか。学校全体として流行している遊びは何ですか。子供は休み時間に何をして遊んでいますか」という問いに答えられるだろうか。

この問いに答えられたら、教師としての資質は大変よいと言っていいだろう。大方の人は答えにつまると思う。あてずっぽうに答えても、実際調べてみるとちがってたりするものである。

次に、力の強い子、仲間はずれにされる子を知ることができた。そして、教師が中に入れば、クラスはまとまるのだということも分かった。

子供の中に入ることが大切なのは、子供と仲間になるためではない。今までの見え方とちがって見えるから大切なのである。

ある新規採用者研修会で中学校の教師が発表していた。

「私のクラスの子供は掃除をさぼるのです。ベテランのクラスの子供はちゃんとやっているのです。ある時から、私も一緒に掃除をやり始めました。今までと考えが変わりました。それまでは、掃除をさぼる子ばかりが目につきました。私が掃除をするようになってからは、黙々とまじめに掃除をする子が見えるようになったのです」

それまでは「さぼる子」だけが見えていたのに、自分も中に入ってからは「まじめな子」が見えるようになったという。視点を変えるとは、このようなことなのである。

よく子供の目の高さで話をすると言う。心がまえだけではだめなのである。本当に、子供の目の高さと同じにならなければいけないのだ。その時、見え方が異なってくる。

私は、自分のかわりに子供に先生役をさせることがごくまれにある。一人であったりグループであったり……。そんな時、私は子供の席にすわって、全く同じように子供役に徹する。そのように宣言する。

さて、子供の授業だが、赤面する時が多い。つまり、私とうり二つなのである。発問のしかた、指示のしかたがそっくりである。指名されて、もぞもぞ答えている私に子供の声が飛ぶ。

「端的に、短く言いなさい！」

自分の強引さ、欠点が、いやでも目につくのである。

6　第六条　秒単位で時間を意識することは、あらゆるプロの基本条件である

新卒四年目、私は集会委員会の担当であった。そして六年生の担任であった。週に三回開かれていた集会活動でいかに全校児童を集中させるかが問題だった。私は毎日のように集会委員会の子供たちと討論をしたものだった。いや、子供たちの熱心な討論を聞いていて、たまに口をはさむというのが実状だっただろう。

集会活動はうまくいっていなかった。ガヤガヤとうるさかった。子供たちは、〇年生がうるさいとか、話を聞いてくれないとかいうことを、初めのうちはしゃべっていた。責任を他にもっていったのである。

そんな時、私は窓の外をながめていた。

私のクラスの子供たちは「そんなことはない。私たちのやり方がおかしいのだ。もっと楽しいことをすればいいのだ」と主張していた。それから、次々と新しい企画が考えられ、リハーサルが行われた。集会は少しは面白くなってきた。つまり「内容をよくすることによって集会活動をよいものにしよう」という基本的な方向は効果があったのである。

それでも、集会はうるさかった。というより時々うるさくなった。

ある子が言った。「もっと静かにしてもらえばいいんじゃない」。他の子が反対した。「静かにしてくださいなどと決して言うべきではない。ちゃんとやれば静かになるはずだ」ちゃんとするためにうるさくなる原因がさぐられた。原因はすぐ分かった。司会者がしばらくの間だまっていると会場がうるさくなるのである。そして、何をするのかがはっきりしない時うるさくなるのである。司会者が舞台に上がる。不安だから時々舞台の下を見る。みんなと打ち合わせをする。そんな時、必ず一〇秒、一五秒の空白の時間ができるのである。そして次の申し合わせができた。

一度舞台に上がった司会者は、決してみんなの方(先生や仲間)を見てはならない。自分一人の責任でやりとおさなければならない。

リハーサルがすごみを帯びるようになった。一度、舞台に立ったらやり直しがきかないからである。

指示の方は、一回ずつ言えばよい(一時に一事)ということで解決された。

集会は、とてもよくなった。司会をする子供たちは一種の風格さえ出てきた。司会は三〇名ほどの子供が交代でやった。日曜参観の時の司会は知的な障害のある子だった。つまるようなことがあっても、そんなことが気にならないほど、当たり前に包み込めるほど力強い集団だった。ぐっとよくなったが、時々、会場が乱れることがあった。それは、司会者が言葉につまる時であった。

どのくらい言葉につまると会場が崩れ出すのか？　三秒であった。

> 集会で三秒空白の時間があると会場は崩れ出す。

これが大四小（大森第四小学校）集会委員会が得た一つの結論である。

私は本書を読んでいる全国の若い教師に訴える。「向山に追い付き、向山を超えていく教師になってほしい。そのために重要なのは、自分の仕事をこのように細分化して分析し、その解決方法を作り出していくことなのだ」と。

拙著『教師の才能を伸ばす』（明治図書出版）で、藤平洋子氏は、「向山氏の教えた子供たちとの出会いは衝撃の出会いだった」と書かれているが、この子たちのことだったのである。

同じような話がこの後あった。将棋クラブの子供たちが「ＮＨＫ将棋講座」に出演したのである。事前の打ち合わせで、NHKのディレクターは子供たちに次のように言った。

「テレビでは四秒話をしないで黙っていると間が抜けて見えてくるのです。四秒以上、黙っている時間があっちゃいけないのです」

私は「集会の時と同じだ」と思って聞いていた。教育の仕事の中でこんなことはいくらでもあるだろう。

西川満智子氏との交流は、彼女の体育の授業を見た時からだった。子供たちに説明をする時間の長さにびっくりしたものだった。もっとびっくりしたのは「今まで見た研究授業がみんなそうだったから、そうするものと思っていた」という説明だった。体育の授業などでの指示は「一〇秒ぐらい」が原則だろう。根本正雄氏は「一五秒以内」と言っている。いずれにしても、このぐらいのはずである。短く、次々に展開していくのである。

ついでに言えば、跳び箱の授業をしていて、どれくらい運動時間があるかということも問題である(準備運動は除く)。教育実習に来た体育科の学生に訊いたら、しばらく考えた後「二〇分ぐらいです」と答えた。ストップウオッチで測ったところ、四〇秒ぐらいだったのである。跳び箱で一時間の運動時間が四〇秒もあれば、一応の授業だと評価されるのである。

朝会が終わって行進曲に合わせて教室に入る時のことである。曲がその時から変わった。私は、「へんな曲だな」と思い、すぐに時計を見た。三〇秒間に六六拍である。子供の足はバラつきがあった。私の親しい同僚たちは「行進のしかたがへたになったわね。練習をさせなければ……」と言っていた。善意の教師ならやはりこう考えるのだろうと思った。

私はその時は事情があるのだろうと思い黙っていた。同じような状態が三度続いて四度目、私は担当の先生に意見を言った。

「曲が速すぎるのではないですか」

「いやそんなことはありません。現に〇年生は行進がちゃんとしてきました」

私は行進を見る目は人より少しはある。ふつうの行進なら、まず九八パーセントの子供はリズムはとれる。残りの二パーセントの子、それは協応動作などができにくい子であり特別な配慮をしなくてはならない。私は一分も行進を見ればリズムのとれない子が分かる。一八年間、ずっとそこを見てきたのである（ついでに言うと、ほとんどの教師は足を見ないで胸を見ているらしい。列を揃えるためだろう。形にとらわれているのである）。

「お言葉を返すようですが〇年生の行進はひどいものです。半分以上がリズムがとれていません」

その先生はカッとなって言われた。
「いいんです。いそがしいから前のをさがせないの、それでこの曲にしてあるんです」
「なるほど、いそがしかったのか」と思った。それならそうと初めに言ってくれればよかったのだ。それからまもなく曲は変わった。

昔のことを思い出す。サークルにメトロノームを持ち込んで、どのくらいの曲が合うのかを研究したものだった。

当然ながら、低学年と高学年ではちがう。こんな簡単な基礎的なことも、教師の世界では気にもとめていないようである。どのくらいがいいか、ぜひメトロノームを持ち込んで試してみていただきたい。

時間の問題と言えば挨拶に止めを刺す。私は声を大にして言いたい。

教師の挨拶はひどい。

話すのが商売だから「教師は話がうまい」と世間の人は誤解されているようだが、うまい人は少ない。話にも説教（説き）と語りがあって、説教はできる人が多いが、語りができる人はほとんどいない。優れた教師は語りがうまい。たとえば、新潟県村上市立村上小学校の飯沼宏元校長、彼の語りは絶品だ。有田和正氏、野口芳宏氏もさすがである。

こんな上級者のことは別のこととして、教師の挨拶がひどいのは、必ず時間をオーバーするからである。

ある時、私は結婚式の司会をしていた。新郎は中学の教師、新婦は小学校の教師であった。結婚式というのは、挨拶その他、予定があって、それを崩すと大変なことになる場合がある。この時、中学校の校長先生が仲人で、教頭先生が来賓祝辞だった。中学校の先生方は「みなさんで一曲、お一人が短い挨拶を」ということでお願いしてあった。これは妥当な線だろう。

ところが、六人ほどいた中学の先生の一人一人が、みんな挨拶を始めたのである。それもへたな話を延々とである。二三分ほどかかった。

二時間の披露宴で二三分も延びると大ごとである。その日予定していた何人かの挨拶をカットしなければならなくなる。私の友人である新婦側の何人かをカットすることにした。

教師というのはこのように厚顔無恥なのだ。善意でやれば何でもいいと思っているのだ。

「きっとこのことはどこかに書き留めてやる」と、その時の私は思ったものである。

予定した時間を延ばすのは、だめなことの方が多い。研究授業が延びるのも同じである。延ばしてよくなることなんか絶対といって言いほどない。

かつて、金沢のM・M氏が金沢大学の教官A・F氏たちと私の教室へ来られた。私とM・M氏と二人で、一時間ずつ授業をした。二人の授業は「これで終わります」と言った直後にチャイムが鳴り出した。これにおどろかれた方もいた。これはうまくいきすぎだが、チャイムが鳴り終わってもやり続けるということは二人ともなかったと思う。

教師の話は、ダラダラと長いだけでつまらないのが多い……ということを私は強調したい。私は朝礼台などで誰かが話すといつも時計を見る。どのくらい話すのか調べるのである。わるい趣味であるが、一五年続けていた(ぜひ、真似をしていただきたい)。そして、いろんなことを学んだ。

私が、すごいと思った挨拶は、三八年も前の坂本茂信氏であった(氏は、NHKの理科番組を一〇年間やっていた。指導要領・教科書の仕事もしていた)。転任の時の(つまり離任式の)挨拶が三八秒である。何年もいた学校を離れるのである、あれこれ言いたいだろう。それをぐっとこらえての三八秒である。

こういう挨拶は、一分以内ならどれをとっても合格点をつけられる。一分二〇秒になると、かなり印象深いことでないとだめである。一分四〇秒になると、それに話術のうまさが必要になる。二分を超えると、どんなにいい話でも「くどい」と思えてくる。二分三〇秒をすぎると誰も聞いていない。それなのに、二分三〇秒を超える人が半分いる。中には三分を超えるという恐ろしい教師がいる。朝礼の話も一分三〇秒が限度だと思う。よほど話のうまい校長でも、二分三〇秒までだと思う。

私は卒業式でも、入学式でも、いつも時計をながめてきたから退屈はしなかった。卒業式で大田区教育委員会の方の挨拶は、さすがに考えぬかれていて「読む時間二分三〇秒」出入り「三〇秒」ぴったり三分で仕上がるようにできていた。

近所の中学校で、小学校校長の祝辞が一三分続いたのを聞いたことがある。これはひどいというより失礼きわまりない。小学校などのあらゆる儀式の中で、最も長い挨拶は「卒業式での校長訓話」であり、これでさえ一〇分が限度だからである(その中学校の校長訓話も一〇分間であった)。それより長い時間を祝辞でしゃべるなど論外である。

やはり、次の言葉は生きている。「スピーチとスカートの丈は短いほどよい」

秒単位の意識はいかなるプロも同じである。わずかな期間で外食産業日本一になったマクドナルドの藤田田《でん》元社長は『天下取りの商法』（ベストセラーズ）で次のように言う。

マクドナルドでは、客を三二秒以上は待たせないことになっている。

科学的分析によると、人間が相手に向かってしゃべって、反対給付を受けるために、いらだたずに待てるのは三二秒が限度という結果が出ている。三二秒以上待たせると、いらいらしてくるというのだ。だから、注文を受けてから、三二秒以内に全部出すことにしている。そうすれば、お客は気持ちよく買ってくれる。

混みあってくると、ときには、三二秒を若干オーバーするときもあるが、混みあっていないときのマクドナルドは、スピーディなサービスで、絶対にお客をいらいらさせるようなことはしない。

教育の仕事のすべてが時間で意識されるものではない。むしろ逆の場合も多い。しかし、時間を意識しなければいけない部分もある。

私が述べたのはその一例である。

7　第七条　技術は、向上していくか後退していくかのどちらかである

教師の技量は（教師に限らず他の仕事でもそうだが）、経験を積めば向上するというものではない。

四〇歳を超えた教師は「経験を積めば技量は向上する」と思いたいだろうが、はっきり言ってそんなことはない。幻想である。

私は新卒程度の、技量のないベテラン教師を数多く見てきた。技量がないのも当然で、教育雑誌を買っていないし、教育書も読んでないのである。

教師修業の基本は「授業の腕を上げる」ことであり、「授業の腕を上げる」ことの中心は教材内容の研究とともに、「子供が動く発問・指示」を見付けることである。

しかし「子供が動く発問・指示」は、自分の力でなかなか見付けられるものではない。だから、教育書、教育雑誌を読むのである。よい本なら、求めるものが載っている。

こういう本を読んでいる教師と読まない教師は腕に差が出てくる、当然のことである。

さて、「子供が動く発問・指示」を使って授業をしてみると確かに子供は動く。今までの授業と変わる。

そこから、新しい成長が始まるのである。

「優れた発問・指示」は常に使うように心がけないといけない。アマのうちなら、時々使うだけでも威力があるが、研ぎすまされたプロの腕でも使わないでいると落ちてくるのである。

落語家の桂枝雀は、『軽やかなヒーローたち　城山三郎対談集』の中で次のように発言している。

枝雀　ネタというのは、みんなあっち向いて立ってますから、六十なら六十おりましても、ちょっと目を離すと、昔、トリスの人形があったでしょう、ちょうどあれみたいに、トコトコ、トコトコ歩いていってしまうんです。ひと月もやらなんだら、六十ともどこへ行ってしもたか、なんちゅうことになると思います。常に自分の周りに置いとくためには、適当にこれをくったら、次これをくってというふうにしとかないかんわけです。

また、林真理子氏は『ブルーレディに赤い薔薇』（光文社）の中で、次のエピソードを書いている。

この原稿を書いている十分前に、私はかのユーミン女王に会ったのだ。実際に見る彼女は想像以上に素敵で、私はため息が出るのみであった。

「私、このごろ、テレビに出すぎだって非難されちゃうんですよねぇ」

おずおずと言う私に、カラッと明るい声が返ってきた。

「そんなもん、出られるうちに出とけばいいのよ。できるうちはなんだってやっていいのよ」

彼女は独特の切れ長の目をキラッと光らせた。

「才能っていうのは、母乳と同じでね。たえず出しとかないと腐っちゃうのよ」

やっぱりすぐれた有名人に会うというのはいいもんだ。こんな言葉を肉声で聞けるんだからね。


名古屋の三省堂書店での講演会の時である。五十年輩の女の先生から質問をされた。

「向山先生は、本を読まない教師はだめと言われますが、教師の中にもいろいろあって、私のようにまわりのことをじっくり見ていくタイプの人間もいます。本を読まない教師はだめだとあまりきめつけないでいただきたいのです」

会場は超満員だったが、三十代以上の方々を中心に、少し拍手が起きた。しかし、私は、本を読まない教師はだめだと思う。程度もあるが、月に三千円や五千円の本代を使わないようでは、問題にならないと思っている。医師と比べれば分かるだろう。

「私は医学の本を読みません。患者をじっくり診て治療していきます」。このように言う医師に命を預けるだろうか。患者をじっくりと診るのは当然なのである。問題なのは、最新の医学を勉強しているということである。これは、医師としての当然の義務なのだ。

それを「本を読まないで自分で考えながらやる」などということは、思い上がりもいいところであり、不勉強・不誠実この上ないのである。医師は患者の命を預かっており、教師は子供を丸ごと預かっている。謙虚に勉強をしてやりすぎるということはない。

教育技術の法則化運動に参加している若い教師はよく勉強している。書籍代が月に二、三万円はざらである。月に、三千円や五千円分の本も読まないような教師は、やはり時代からとり残されていく。これはしかたのないことなのである。いや、ぎりぎり、月に三千円の書籍代でもいいだろう。雑誌が二冊に単行本が一冊、これは教師でめしを食っている人間には最低のぎりぎりの水準だろう。これさえいってないのなら話にならない。

この本を読んでいる方は、すでに学ぶための資金を負担されているわけだから、本を読む方に入られるのだろう。しかし、まわりには、本も読まない、非知性的で不勉強で不誠実な教師がいるものである。そういう状態は、だんだんとなくしていくべきなのだと思う。

教師の世界には「プロの技術・プロの方法」が存在している。長い年月をかけ、多くの教師の努力によって作られてきたものである。そういう「貴重な情報」は、厳として存在する。では「貴重な情報」は、どうやって伝わっていくのだろうか。

大まかに言って、伝わり方は二つである。

第一は、人から人に伝わっていく。

第二は、活字によって人に伝わっていく。

研究会で伝わっていくのが前者である。もちろん、学校の帰りがけに、先輩と飲みながら教えられることもある。サークルなどもそうだろう。しかし、人から人に伝わる量は少ない。圧倒的な部分は、活字によって伝わっていくのである。本を読まなければならないのはそのためである。本は「貴重な情報」を伝えてくれるのだ。

もちろん、ひどい本もある。いや、ひどい本が多い。しかし、勉強していけば、だんだんと目が肥えていく。いい本、必要な本を見つけられるようになる。

いい本、必要な本は、多くの人が求めるから版を重ねるようになる。奥付を見て「版」を見れば、どのぐらい出ている本か分かる。一つの目安である。

「教育技術二〇代講座」「合同合宿」「地方合宿」は人から人へ「貴重な情報」を伝達しようとする方法である。

「新法則化シリーズ」「向山洋一教育新書シリーズ」などは、活字を通して貴重な情報を伝えようとする方法である。

ビデオ・コンピューター他の新しい方法も次々に開発されるが、やはり、「人」「活字」の二つが主力である。このような「貴重な情報」を得ようとする努力をしないで「本を読まないけれど、じっくりと子供と取り組んでいく」と主張する姿勢は、やはり不勉強・不誠実なのである。

ただ、こういう人の発言も分からないではない。なぜなら、今までの教育書の多くは次のようであったからだ。

つまらない。

役に立たない。
読まなくても困らない。

なるほど、こんな本なら読まなくてもいい。読む必要もない。しかし、読むに値する本もずいぶん出ている。法則化運動の関係の本もそうだが、それ以外にもけっこういい本はある。

時代は進歩している。

面白い。
役に立つ。
読まないと遅れてしまう。

こういう本が増えてきた。いずれ「教師が本を読むのは当然」という時代になるだろうと思う。

ある編集者の父親が亡くなられた時の、その人の言葉が印象的だった。

「父のことで会社を休んで、一カ月たってもまだ動きに付いていけない。とりもどすのに大変です」

さすがに、マスコミ最前線のプロだと思った。大学受験のころ「一日休むととりもどすのに三日かかる」と言われたものだ。スポーツの練習、芸事の練習も同じだろう。一日休むととりもどすのに三日かかる。休めば「止まっている」のではなく後退するのである。

教師も「プロ」といわれるほどの水準になれば同じである。「本を読まなくてもできる」などというのは、素人の世界の話なのである。

「一日に四度飯を食え。（その内）一度は活字の飯を食え」（新将命『「会社で結果を出す」人の成功法則』成美文庫）というのは、知的な仕事をしている人には、当然のことなのである。

8　第八条　プロの技術は思い上がったとたんに成長が止まる

「教育技術の法則化運動」の中央事務局は「京浜教育サークル」が担当していた。一九八五年当時のメンバーは全部で一三名であった。当時、一年間に、京浜教育サークルの一三名の教師によって書かれた単行本や雑誌などの原稿は次のとおりである。

> 四〇〇字詰原稿用紙で七五〇〇〇枚。

単行本一三冊、教育雑誌への執筆一三名、延べ一〇〇本以上。

この数字は、学級通信、校内の研究紀要などは除いてある。市販されている単行本、雑誌への執筆量である。これは、おそらく単一サークルの知的生産量としては日本教育史上第一位であろう。空前絶後の記録ではないかと思う（ぜひ、追い抜いてほしいと願う）。

京浜教育サークルの一三名は、それぞれ一人一人が「教育技術二〇代講座」「合同合宿」「ビデオ」「コンピューターターネットワーク」などの事務局を担当していた。生きがいのある生活をしていた。

しかし、これは私たちが優秀だからではない。私たち程度の力のある人は全国にいくらでもいる。私たちにこの仕事がまわってきただけなのである。だから、私は何度も強調した。「いい気にならなかったらこの運動の事務局を私たちはずっと担当していくだろう。しかし思い上がったら終わりである。思い上がった時、成長は止まり、運は離れていくのである」

何年か教師をやっていると、だんだん子供が発言しなくなる現象に出合う。新卒のころには、子供たちは元気に発言したのに、慣れるにしたがって発言しなくなるのである。そこで「発言競争」などというあまり上等とはいえない方法を仕組むことになる。これも、教師の思い上がりなのである。

新卒の時は「子供から学ぼう」という謙虚な姿勢があったのだ。だから子供たちは発言した。しかし、慣れるにしたがって「子供に教えよう」とするようになってくる。こちらのウエイトが強くなる。それで子供たちは発言しなくなってしまうのである。

将棋の芹澤博文九段と言えば、テレビの司会はするし、本は書くしということで世に聞こえた才人であった。若くして名人候補に挙げられた天才でもあった。彼が思い上がりのこわさを『八段の上九段の下』(講談社)の中で、次のように書いている。

十八歳で四段、二十四歳で八段、自分でいうのもなんだが、まあトントン拍子というか、順調に昇段していった。しかし、好事魔多しというか、私にとっては一生くやまれてならない〝落とし穴〟が待ちうけていた。それは一言でいえば、私の〝思いあがり〟である。

将棋にかぎらず、どんな世界でも〝思いあがった〟らおしまいだ。どんな世界であろうと、奥は広く、底は深い。「わかった」「究《きわ》めた」と思った瞬間に、落とし穴の口が開く。その落とし穴にはまったら最期、どんどん下降線をたどるか、せいぜいが横バイである。

私は二十三、四歳で思いあがってしまった。将棋がわかった、と思ってしまった。そのころは負け知らず、対局すれば勝ったし、また勝つものと思いこんでいた。

ご存知のように、そのころは昇段は一年にいっぺん。七段のとき、自分は当然八段に昇段するものと決めこんでいた。相手が誰であろうと、負けるわけがないと思っていた。

七段は十三人いて、それぞれ十二局ずつ対局し、成績上位の者二名が八段に昇段し、下位の者二名が下に落ちる。いわば一年がかりの入れ替え戦である。

これは各クラスとも同様で、七割五分の勝率をあげれば昇段できる。七割五分といえば、十二局中、九勝三敗がぎりぎりの線で、三勝一敗のペースでいかなければならない。これはお互いにプロ同士、口でいうほど易しいことではない。

しかし、そのころの私にはなんとも気楽なペースに思えた。なにしろ負け知らずなのだから、十二局全部いただきと思ってしまった。そこでとてつもない放言をはいてしまった。

「二番は不戦敗でいいから休ませてくれ」といってしまった。「それはどういう意味なのか」と聞くので、またまた「二番休んでも、十番対局すれば、十勝ではないか。万にひとつ一局落としても、九勝すれば七割五分をクリアできるではないか」と、放言の上に暴言をかさねてしまったのである。

つまり、それほど思いあがっていたのだ。

かくして、芹澤九段はありあまる才能がありながら、名人はおろかタイトルをとることもできなかった。二四歳で八段という、天才中の天才でさえ、思い上がればそれで終わりなのである。

ただの凡人にすぎぬ私たちが、プロの教師をめざす以上、思い上がりは致命傷なのである。

第2章

新卒教師のための新五カ条

千葉大学の講義の中で「新卒教師のための一〇カ条」を話したことがある。

とりあえずこのようなことをしてほしいということを述べたものである。千葉大学での私の講義は、教師修業11『向山洋一・大学での私の講義』（明治図書出版）として出版されている。

さて「新卒教師のための一〇カ条」は、もうすぐ教壇に立つ学生諸君への私からのアドバイスだったが、それを若干手直しして「新卒教師のための新五カ条」ということで次に書こうと思う。

1　第一条　挨拶は自分からせよ

ここで言う挨拶の対象は子供である。教師の挨拶は、他の人と異なる意味をもつ。子供との交流が生じなければ、教育は出発しないからである。

よく「この学校の子供は挨拶をしない」と言う教師がいる。それは、その教師がわるい。自分がわるいのに他人の責任にしているのである。大勢の子供がいれば、いろいろな性格がある。積極的な子供ばかりとは限らない。まるで目立たないおとなしい子供もいる。そういう子供に「あの子は挨拶もできない」と言ってもしょうがない。教師の方から挨拶をすればよい。二度、三度としているうちに子供の方から挨拶をするようになる。二度、三度としても挨拶をしない子供には五度でも一〇度でも教師が声をかければいい。それが教師の仕事なのである。

同僚に挨拶をするのも当然だろう。

私は毎年、年末・年始には給食室、主事室、事務室へ挨拶に行っていた。一年間、お世話になったことのお礼である。教師になってからはずっと続けていた。

「向山先生だけは、いつもきちんと挨拶に来るのね」と、主事さんに言われたことがある。

このようなことは、私の実践記録には登場してこない。が、実は、このようなささいなことが、私の教室での仕事を支えていくための力になっている。

これは、母の影響だろうと思う。母は、通りすがりに近所の子供たちに会うと自分の方から挨拶をしていた。一緒に歩いている私は少なからず恥ずかしく思い「あんなことをやめればいいのに」と思ったものだ。近所の子供が大きくなって、中学生、高校生になると母が声をかけても、相手は挨拶をしなくなる。そんな相手にも、私の母は声をかけて通りすぎた。母が何回か次のように言っていたのを覚えている。

「恥ずかしい年ごろだから声が出なくなるのよ。でも、大人の方から挨拶をしていると必ず相手も挨拶をするようになるわよ」

こちらから挨拶をしているうちに相手もするようになる……教育はこれでいいのだと思う。「この地域の子供は挨拶をしない」などとおこる前に、自分から挨拶をすればいいのである。

教育の仕事とは「教える」ことだけではうまくいかない。相手を包み込むようなことも大切なのである。

挨拶は心の交流の第一歩なのである。これができないようでは教育は始まらない。

2　第二条　分からない時は自分から教えてもらえ

金田正一選手が現役時代に、あるプロ野球の新人投手が、「投げ方」を教えてもらいに行った。金田投手は次のように言ったという。

「教えてほしけりゃ銭持って来い」

新人投手はプロの厳しさをいやというほど思い知らされたという。後にこの投手は、三〇〇勝投手となる。

「教えてほしけりゃ銭持って来い」と教わりにきた後輩に言うほどの厳しさは「プロ中のプロ」の世界のことだろう。しかし「自分から教わりに行く」ということは、いかなるプロにとっても当たり前のことである。

児童・生徒・学生なら教師の方から教えてくれる。

しかし、社会に出れば話はちがう。誰も教えてはくれない(もしあったら、ラッキーなことだ)。

若い教師の中に「この学校では誰も教えてくれない」というグチを言う人がいる。しかし、教えてくれなくて当然なのだ。教えてもらいたければ、自分から行くのである。

研究授業をしても、意見を言ってくれる人ばかりとは限らない。黙ってそのままの場合も多い。

若い時の私は、「どこを直したらいいでしょうか、お教えください」と言って自分から出かけていった。このようにすれば、一つ二つは話をしてくれる。そのとおりだと思うこともあるし、ちがうなと思うこともある。礼を言ってその場を離れる。

こういうことが一〇回、二〇回とたまっていく。そうすると「あれは、こういうことなのか」と、後で思えてくることがある。その時は分からなくても、やがて理解できることがある。こうして、一つ二つと技量を身に付けていく。

どんな学校にも、尊敬できる先生が一人ぐらいいるものだ。そういう人に、しつこいくらい食らいついて教えてもらうことだ。

だが、「子供の悪口を言う教師」「責任を他のことに転嫁する教師」「本を読まない教師」なら、あまりつきあわなくてもいい。一度、二度、話を聞けば底が見えてくる。

すばらしい教師なら何度話を聞いてもあきることがない。私は大四小時代、校長の石川正三郎氏の話を聞くのが好きだった。同じ話を何回聞いてもあきなかった。そんな話には、教師としての気概が入っていたから、聞くたびに考えさせられるところが多かった。

3　第三条　プロの技術を身に付けたいのなら身銭を切れ

私たちは教師の仕事を自分の生業に選んだのである。だから多くの人は、自分の技術を向上させたいと思っているだろう。子供にとってより価値ある仕事をしたいと思っているだろう。自分の技量を向上させたいのであれば、身銭を切ることだ。

本を買うのにもお金がかかる。自分の仕事の本を、毎月三千円や五千円も購入しないのであれば、これはもうまるで話にならない。教育とは理知的な仕事なのだ。知性の欠如した人間にはできない仕事なのだ。できない仕事を無理してやるから「怒鳴る」ことが日常化するのである。大声を出さなくたって子供はちゃんと動くものなのだ。

研究会に出るのにもお金はかかる。しかし、出かけて行って人に会うのもまた勉強である。学校では得られないものを手に入れられる。法則化合宿や二〇代講座には全国から若い教師が集まってくる。北海道、九州から参加するとなると二〇万円近くかかる。それだけの思いをしてやってくるのだ。こういう教師が成長していくのは当然のことだろう。

本を読む教師と読まない教師は歴然とした差がつく。法則化運動はそのような文化を創ったといえる。

4　第四条　プロの教師になりたいのであれば他人より一〇パーセント程多くの努力をせよ

どんな仕事でも、すすんでやることが大切である。私はこれまでいろんな分野について論文を書いていた。それは、様々な体験をしているからである。

たとえば、学校で「児童活動」の研究をした時がある。私の本来やりたい研究は「社会科」だった。しかし、私は一生懸命に「児童活動」の実践と研究に取り組んだ。

国語を研究する時は、それに集中して取り組んだ。その結果、小学校における分析批評の授業が誕生することになった。

研究だけではない。避難訓練の係の時も、掃除用具の係の時も、私は私なりに一生懸命だった。こうした体験は後になって役に立った。「生活指導主任」「教務主任」の仕事をするようになって、若い時に努力していたことが生きてきたのである。

子供たちに示す生活目標を「きまりを守ろう」という管理的色彩の濃いものから「みんなで遊ぼう」という子供の生活を豊かにするようなものに変更したのも、私の若い時の体験が生きていたのである。

「社会科」を専門とする私が、学校で「社会科」の研究ができるようになったのは、教師になって一五年もすぎてからだった。

さて、ここで言う「一〇パーセント」の努力をせよという言葉は、主として「授業」に向けられるべきである。

他人より「はやく学校に来る」「おそくまで学校にいる」「お茶を入れる」などという努力もある。これはこれで大切なことにちがいない。しかし、問題なのは形ではなく中身である。授業をよくするために、いかなる努力をしたのかということなのである。

授業をよくするとは、つまり「全員の子供の理解」をめざすことであり「知的興奮」をもたらすことである。

これをぬきにした努力は、プロの努力とはいえない。それをもって努力していると思うのは「自己満足」にしかすぎない。

私は学校で一番おそく登校して、一番はやく下校する。在「学校」時間では、全教師の中で最も短いであろう。

それでも「教務主任」の仕事や「研究の中心」の仕事をちゃんとこなしてきた。『研究集団・調布大塚小学校』（明治図書出版）にくわしい。

教師にとっての努力とは「授業をどうするか」が中心であるべきなのである（そのうち、行事、学校全体のことを考えざるを得なくなるが……）。

人並みにやっていれば、人並み程度の力しか身に付かない。当然である。よく、人の二倍も三倍も努力するというが、そんなにできるはずはない。しかし、一〇パーセント程度の努力ならやることができる。

努力の形は人それぞれでよい。だが、自分で変革していくという方向での努力こそ大切である。朝、人より二〇分はやく登校するという努力と毎日一時間は授業の録音カセットを聴くという努力であれば、後者の方がよい。前者は自己満足に終わりがちであるが、後者は自己に変革を迫ってくる。

5　第五条　研究授業は自分からすすんでやれ

新規採用時から七年間いた大森第四小学校を離れて、私は次に調布大塚小学校に赴任した。

その当時の校内研究グループは二つに分かれていた。一つは授業を研究するグループ。もう一つは学級経営を研究するグループ。

私はすぐに気が付いた。これは「研究授業をしてもいい」というグループと、「研究授業をしたくない」というグループなのである。学級経営を研究するグループが「研究授業をしたくない」というグループである。このグループは「事例報告」をして「研究」をしていくらしかった。もっともらしいかっこうをつけているが、要は「研究授業をしたくない」というグループなのである。

よく学校の研究について「今年一年はテーマについての勉強を深めていきたい。そのために講師の話をうかがいたい」などという発言があるが、あれも「私は研究授業をしたくない」ということの合理化なのである。私はこういう発言を聞くとイライラする。あれこれ理屈をつけて研究授業を避けようとする姿は実に醜悪だ。

どんなにひどい校長がいて、どんなにひどい学校でも「研究授業」は避けるべきではないと思う。「ひどい学校」での「闘い」は「授業」をとおしてこそやっていくべきなのである。このことは必ず理解してくれる人が現れる。

さて、私は赴任した調布大塚小学校で「授業を研究」するグループに入った。このグループには、私の尊敬している人がたくさんいた。後に「分析批評による文学の授業」を研究していく仲間もいた。ただ、この時の雰囲気は少しチグハグで、「研究授業」の年間計画が立たなかった。みんな尻ごみしていたのだ。時間ばかりがすぎる。そこで私は次のように申し出た。

「どなたもご希望なさらないのなら、私に全部やらせていただけませんか。五月から二月までの九回、毎月私がやっていきます。それでいいでしょうか」

座は一瞬奇妙な空気になった。

とんでもない提案がされたからである。

しばらく無言があって、新卒の女の先生が「私もやってみたいのです」と申し出た。それにつられるように「私もやってみたい」という人が次々に出て、結局全員がやることになった。

それまでは、年に数人がやっている状態だったのだ。その後の調布大塚小学校は、当然のように全員が全校テーマの研究授業をして、それ以外にもいくつか、自主的な研究授業が加わる。しかし、この伝統が作られ始めたのは、この時のこの研究会であったと思う。

さて、研究授業は誰だっていやである。あれが好きだという人はあまりいない。私だって時にはプレッシャーがかかる。

有田和正氏との「立ち合い授業」の時、始めの一、二分足がふるえていて困った。有田氏もその後、私と二人で飲んだ際に言っていた。「あの後、二〇カ所ぐらいで飛び入り授業をしたが、たった一回の立ち合い授業の方がいやだ」。NHKの面白ゼミナールの会議の帰りのことである。

どれだけ経験しようと、プレッシャーはかかる。だからこそ、成長するのである。


私は三〇歳を超えた教師なら次のように訊く。

「あなたは、何回ぐらい研究授業をしましたか?」

三〇歳で一〇回を超えてなければ問題外、四〇歳で二〇回を超えてなければ話の外である。

どれほどえらそうに教育のことを語ったとしても、そんな人の「教育論」はたいしたことはない（研究者も同じだ。教室にしばしば足を運んだことのない人の教育論など論外だ。しかし、こういう人が多いらしい)。

三〇歳で三〇回、四〇歳で五〇回を超えている人なら、まあすれすれの合格である。後世に名の残る実践家なら、軽く一〇〇回は超えているだろう。人によっては千回の教師もいる。全国行脚するわけである。

教師の技量が伸びる場の中心は研究授業である。研究授業をいやがる教師がいる。いかなる理由をつけようが、そんな教師の技量は低い。世間的にどれだけ名の通った人であれ、研究授業をいやがる人とは深くつきあう必要はない(民間教育運動の中心にいる人で、研究授業の回数が少ない人がいくらもいる。ただし、そういう人生もあることはある。それを私は認める)。

プロの教師なら、どれだけの経験をもっていようと自分の技量をみがこうとする心構えがあるはずである。

私は新卒の時に何回も研究授業をした。同学年の先生と校長だけに見ていただくという小さな研究授業を含めれば、一年間におよそ一〇回はやっただろう。

第3章

プロの技術は歴史的な存在である

1　教える技術をもたない教師たち

『朝日ジャーナル』一九八五年一一月二二日号に「教えるべきことを教えない教師たち」と題した投書が載っていた。

ある小学校の二年生のクラスで、秋の読書週間に読書感想文の宿題が出たという。しかしこのクラスでは、読書感想文についての指導がされていなかったため、保護者たちは、どう書いたらよいか戸惑っている子の世話に追われたというのである。

投稿者は感想文に限らず、作文や写生、体育などにおいても同様に、子供たちへの指導の不足を「子どもには活動させるだけで、そのやり方を具体的に教えないものがあるのだ。これでは教育の名に値しまい。」と指摘している。

大学では漠然とした原理原則だけを学び、実践に役立つ教育技術は教わらない。とはいえ、自発的に教育方法を身に付けようとはしなかったのか。

同学年の担任教師はほかのクラスに不干渉で、学年主任も目配りがなく、校長も同学年の担任教師が協力していける体制を整えていなかったという。

このように「当然、教えるべきことを教えない教師」が増えてくると、できる子とできない子の差が開くことでいじめの遠因にもなり、また、いじめが起きても対処できないだろうと、「教育の荒廃はこのあたりから広がるように思う。」と結んでいる。

しかし、こんなことはよくあることらしい。

たとえば『表現の情報学』(筑摩書房)の中で、野村雅昭氏は次のように言う。

次のような詩の説明を読んだときは、呆れかえった。

「詩は、見たこと、したこと、想像したことなどの中から、深く心に感じ、強く心を動かされたことを、むだのない、自分の言葉で書くものだ。」

これは「詩を書け」という宿題に悩んでいた娘(当時小学生)の国語の教科書の文章である。これでは「碁とは、交叉点の上に、黒石と白石を交互におくものだ。」だから、さあ、碁を打ってみなさい、というようなものである。

「教えるべきことを教えない」「教える技術をもっていない」というこれらの教師批判は、現在の教育界の弱点をよく示しているのである。

だから、それに応えている法則化運動が広がっていったのである。

2　思い付き的方法では子供は伸びない

教師の世界では「常識」として通用している方法の中にずいぶんひどいものがある。

たとえば「忘れ物一覧表」を教室に貼り出す教育である。

たとえば「シールとりの競争」をさせる教育である。

どちらも最低の教育である。子供たちの知性を摩滅させていくからだ。やっている教師は「よいことをしている」「子供のためにやっているのだ」と自信満々だから、なおひどい。そして、こんな最低のことをしている教師に限って本を読まないから(非知性的だから)、このような反知性的な教育が日本中の教室で続くことになる(誤解のないように書き添えるが、私は「やっていることがひどい」と言ったのであって「やっている人がひどい」と言っているのではない。どんな人間にも、よいところもあれば、ひどいところもある)。

ここらへんのところは、『新版　授業の腕を上げる法則』(学芸みらい社)でも述べたので、今回は、別のことについて述べよう。

教師の中の常識的な作文指導方法に次のような言い方がある。

しゃべるようにそのまま書きなさい。

こういう言葉を発した教師も多いであろう。

かわいそうに。子供がかわいそうなのである。こんなことは、できるはずがないからだ。

私が試してみよう。

私は、日本の教師としては、最も多くの教育書を書いたと言われている。拙著は、久しぶりの「教育書ベストセラー」と言われている。一九八五年に出した前版の『授業の腕をあげる法則』は、五〇〇〇部の本が三日で在庫切れとなり二〇〇〇部の増刷、それもあっという間に出て、三週間後にさらに二〇〇〇部の増刷になった。それだけ多くの人が読んでくれている「物書き」である。その昔、駿台予備校の模擬試験で、国語で一〇〇点をとったこともある。つまり、私の文章を書く能力は、教師の平均値より少しは上方にあると思える。

その私が「しゃべるように」書いてみるとどうなるのかが、次の文である。

きよいくぎじゆつのほそくかうんどうのがつしゆくがおわつてほつとしているが

なんとなくきよだつかんがはいどちらさまですかごくろうさまおまちくださいさんじゆつうくらいあるなてがみのへんじをかいてしまおうかまあいいやげんこうをひとくぎりさせようどこだつたけそうだがつしゆくのことだきよだつかんがただよつている

この文章は、しゃべるように書いたものである。一目見て、読む気力をなくすだろう。パスされた方が多いにちがいない。当然である。

この「しゃべるような文」を読みやすくするには、いろいろな約束ごと、技術が必要である。多くの日本人が、何千年もかけて作りあげてきた文化がそこには必要なのである。


たとえば、漢字にできるところは漢字にした方が読みやすい。漢字の学習が必要だ。

たとえば、句読点があった方が読みやすい。句読点の学習が必要だ。

たとえば、「がつしゆく」ではなく「がっしゅく」と書く表記法をした方が分かりやすい。拗音、促音などの学習が必要だ。

たとえば、文章をずらずら並べない方が読みやすい。改行の学習が必要だ。

たとえば、話しことばを地の文と区別した方がいい。カギカッコの学習が必要だ。

このように、多くの約束ごと(それはつまり、何千年にも及ぶ長い文化の結晶なのだが)、を使いこなして作文を書くのである。このような技術・方法を、つまり日本語の書くことの文化を教えないで「しゃべるように書きなさい」では、子供に多大な負担がかかってくるのである。教師のノーテンキな戯れ言を子供は必死になって理解して、教師の未熟さをカバーしてくれているのである。子供の生命力は偉大だ。

先の例文を、日本語表記のルールを使って書き改めると次のようになる。

> 教育技術の法則化運動の合宿が終わってほっとしているが、何となく虚脱感が……
>
> 「はーい。どちらさまですか」
>
> —速達です—
>
> 「ご苦労さま。お待ちください」
>
> (三〇通くらいあるな。手紙の返事を書いてしまおうか? まあ、いいや。原稿を一区切りさせよう。どこだったっけ? そうだ!)
>
> ……虚脱感が漂っている。

もう一度前述の、ひら仮名だけの「しゃべるような文」と比べていただきたい。漢字仮名まじり文の方が、はるかに分かりやすいことがご理解いただけるだろう。これは当然なのだ。日本語の千年以上の歴史がここにはあるからである。多くの先人が試してきた文化があるからである。

このような技術・方法をまずしっかりと教えることが、小学校教育で大切なのである。もちろん、教えるといっても簡単ではない。そこにはまた、教え方の技術・方法が必要となる。しかし「教えること」に苦労してきた人々もたくさんいるはずである。そこには、うまい方法・技術があるはずである。先人の知恵の結晶があるはずなのだ。それを活用して、その上に自分なりのくふうを加えていくのである。

つまり、教育とはこのように「何億・何十億という人々によって作られてきた千年以上の人類の文化」を伝えること、しかも幾多の人々によって開発されてきた「教育の技術・方法」によって伝えることが、その根幹なのである。

教育のバックボーンは、そのように強靭なものなのである。それを身に付けているのがプロなのだ。気のきいた人間の思い付き的方法では、たちうちできないのである。

3　いかなる技術も長い時間かかって作られる

香川県丸亀市でもたれた十数名の法則化サークル懇親会でのことである。

私は出席されていた若い先生に次のように尋ねた。

「先生は逆上がりができない子を指導する時、どのように言いますか」

しばらく考えて、その先生は、次のように答えた。

「足を思いきりけり上げなさいと言います」

私は、たたみかけるように訊いた。

> 足を思いきりけり上げなさいという指導方法は、何十年くらいの歴史があって、何パーセントくらいの効果があるのですか。

若い先生は、黙り込んでしまった。若いといっても経験数年、本もよく読んでいる男の先生である。

「まるで分かりませんか」と訊くと「はい」と言う。「つまり、自分の思い付きにすぎないのですか」と訊くと「そうだ」と言う。

私は要旨が次のような話をした。

「教師が、普段やっている指導方法なんてこんなものなのです。思い付き程度なのです。だから、効果もまるで分からないのです。効果があるかどうか分からないような方法を、しかも素人でもすぐ思い付くような方法を、教師はやっているのです。

ちょっと似ていますが、鉄棒の上に袋に入れたボールをぶら下げて『このボールをけるようにしなさい』という指導方法もあります。これは、一〇年、二〇年の歴史がある方法です。効果は分かりませんが、思いきりけり上げなさいよりは少しいいはずです。

つまり『思いきりけり上げなさい』というようなことでは何にもならないことが分かった教師が、きっと手の平などを子供に示して『先生の手をけりなさい』というような指導をしたのです。そういう方法が、全国で行われて『ボールをけりなさい』という一つの指導技術が生み出されてきたのです。

だからこの方法には、何百、何千という教師の経験が蓄積されており、一〇年、二〇年という歴史をくぐりぬけてきたのです。『思いきりけりなさい』という思い付き素人指導より『ボールをけりなさい』の方が、はるかにプロの技術なのです。効果はわずかです。

しかし、たとえわずかな効果でも、多くの教師の努力が蓄積されてきた強さが、この技術にはあるのです。

ところで、逆上がり指導で言えば、飯田・根本式が現在の段階では最もいいです。毎日一五分指導して一週間で七〇パーセント以上の効果があります。

『とび箱は三分でできる、逆上がりは一週間でできる』という話を文芸研（文芸教育研究協議会）大会で二千名の人に言ったら、会場では『うそ。できるわけがない』と言っている人が多かったそうです。文芸研大会の出席者と言えば、研究熱心な先生でしょう。それでさえ、この程度です。教育技術は信用されていないのです。というより教師の世界に、あまりにもプロの技術が少ないのです。

すべての技術は、このように長い歴史の上に成り立っているのです」

「足をけり上げなさいという教育技術は、どのくらいの歴史に支えられているのですか」という問いには、みんなびっくりしたらしい。そのように考えたことがないのだという。

多分、教師でこのようなことを考えた人は、日本中でもごくごく少人数だと思う。だから、「思い付き」程度のことが「教育技術」として通用しているのである。もちろん、初めはどの技術も思い付きである。それはそれでいい。大切なことだ。

しかし、長い歴史をかけてみがかれてきた教育技術・方法もプロなら絶対に身に付けておかなくてはならないのである。

自分の職業とする仕事の文化は、どのくらいの長さがあるのかと考えるのは、プロなら当然なのである。

例を二つ示そう。

まず、あっという間に外食産業日本一の座を築いた、日本マクドナルド元社長、藤田田氏の著作からである。


私は外国人に日本料理をごちそうするときに、これは二〇〇〇年間テストずみの料理ですという。だから、寿司は生魚だからといってこわがることもないし、フグの毒を恐れる必要もないし、大根オロシが不衛生などということを心配する必要はない、といってやる。

日本料理の人体実験は、製薬会社が五年、一〇年と実験しているよりもはるかに長く、二〇〇〇年のテストをしているのだから、一〇〇パーセント大丈夫だ、安心して食べてください、といってすすめる。

だから、日本料理にかぎらず、日本人が二〇〇〇年間かけて開発したソフトウェアはアメリカでも絶対通用するはずである。

アメリカの二〇〇年の歴史にくらべると、仁徳天皇以来二〇〇〇年の日本の歴史は絶対に〝一日の長〟がある。

（『ユダヤ流金持ちラッパの吹き方』ＫＫベストセラーズ）

続いて、将棋界の奇才、芹澤博文九段である。

実は、定跡などはプロにとって、基本とも呼べない基本、朝起きたら「おはよう」というぐらいの常識にすぎないのだ。ほかにアマチュアの世界にはない、もっと別の基本がプロの世界にはある。

たとえば、将棋の発祥地はインド、二千五百年も昔のこと。こんなに奥の深い、複雑な勝負ごとが、二千五百年も前に考案されていたとは。インドはそのころ、そんなにも文明が発達していたのか。その将棋が中国に伝わり、朝鮮半島を経て日本にもたらされる間、どのような変化をたどってきたものか。

また、時代をそこまでさかのぼらなくても、日本の将棋の歴史はいったいどうなっているのか。百年前の将棋、五十年前の将棋、そしてその時代時代の将棋指したち、つまりわれわれの先輩たちの社会的地位と生活態度。残された棋譜を見れば、自ずから彷彿《ほうふつ》としてくる。

さらに、現在われわれは、過去の諸先輩の遺産を正統に受けついでいるか。また、明日へと手渡すべく努力しているか。百年後の将棋はどうなっているだろうか。将棋の奥はどこまできわめられているのだろう……こうしたもろもろのことを、私はプロとしての〝基本〟というのである。

将棋の心とは、二千五百年の歴史のことだ。その心をつかみたかったら、広く謙虚に学んで、将棋そのものに教えてもらうしかない。

つまり、駒がささやく二千五百年の歴史のつぶやきに、耳を傾けるしかない。プロならば、少なくとも一流のプロならば、どこかでそのつぶやきを聞いているはずである。やはり、これもアマチュアの世界にはないことだ。

（『八段の上九段の下』講談社）

このような文章は、その道の一流のプロの本を読めばいくらでも出てくる。プロなら当然のことである。

残念ながら教師の世界には「プロ」が少ないから、アマチュア程度の俗説がまかり通っているのである。

私が、プロ(まあ、私はセミプロ程度だろうが)の認識の例を示してみよう。

> 小学校に入って文字を習う。ごくごく当然のことである。
> 一年生の国語の教科書にはきれいな絵などが出てくる。そして、やさしい言葉が二つ、三つ出てきて、ゆっくり「言葉」と「文字」を習うようになっている。
> 決して、お経を唱えるように、初めに「音」だけが与えられるのではなく「言葉」と「文字」が教えられる。
> 言葉も、はっきりと発音が教えられ、句読点もしっかり教えられる。

これが小学校一年生の四月、五月ごろの国語の教育である。日本中、特別な事情がない限りどこでも行われていると信じられている内容である。

この中にも、いくつもの「指導技術・方法」のポイントがある。列挙してみよう。

一　教科書に絵が出てくる。
二　一回に二つか三つの言葉を扱う。
三　「言葉」と「文字」を一緒に教える。
四　音だけ唱えさせることはない。
五　発音もしっかり教える。
六　句読点を教える。

そこで問う。以上のような教育技術・方法は、いつ生まれてきたのだろうか。現在の教科書を作っている人が考えたのだろうか。それとも、教科書調査官が指示したのだろうか。あるいは、国語科教育法の研究者が考えたことなのだろうか。それとも、優れた実践家が開発した方法なのだろうか。

いったい、このような指導技術・方法はいつの時代に開発されたのだろうか。あなたが教育のプロならばぜひ考えを示していただきたい。

私は国語科という最もポピュラーな教科をとりあげ、そして、小学校一年生の一番初めになされている内容の教師の認識をとりあげた。この場面の教育技術・方法について語れないのであれば、他は語りようがない。この場面が、最もやさしいのだから。

このような、つまり絵と一緒に教えたり、句読点をつけたりする方法は、およそ何年の歴史があるだろうか。次の空欄にぜひ、ご自分の考えを書いてみていただきたい。

第二次世界大戦後の新教育からであろうか、いやもっと古く七〇年以上も前からだろうか、いや大正デモクラシーのころだろうか、その前、明治にはすでに作られていたのだろうか、その前、学制発布のころだろうか、いやいや江戸末期、寺子屋時代までさかのぼれるのだろうか……？

ぜひ、「何年」前と考えて入れていただきたい。

およそ［　　］年の歴史がある。

四角に数値を入れた方、立派です。私はあなたを尊敬します。教師が教師修業で、このような「自分自身が傷つくこと」「痛みを覚えること」を避けていては、とうていプロの境地に達することはできないからです。

さて、答えを示そう。はっきりしたことは私にも分からない。が、次の文章は十分に答えになるであろう。

「子を教ゆるには、とかく『訓蒙図彙《きんもうずい》』などを渡して、片一方に絵ありて、方々に文字あるなどにて見ならわせ、面白くなるようにして、退屈なきようにさすること、第一のことなり」

（湯浅常山『文会雑記』江戸中期）

「書を読むには、必ず句読を明らかにして、み声を詳らかにし、清濁を分かち、訓点にあやまりなく「てには」を精《くわ》しくすべし。

（貝原益軒『和俗童子訓』一七一〇）

「凡そ幼児を誨《おし》ゆるに、先ず教ゆるに一字を以てし、且つこれにその字義を知らしめ、しかる後に教ゆるに『小学』或いは『大学』を以てし、毎日二、三行或いは四、五行

を過ぎず。必ずその義を講じ以て之を教ゆ」　（雨森芳洲『橘窓茶話』江戸中期）

まだまだあるが、これくらいでいいであろう。現在の小学校一年生、入門期の国語指導の源流は、江戸時代に確立されていたのである。江戸時代中期には確立されていたと推定される。

これほど、多くの学者が書いている以上、源流はさらにさかのぼることができよう。それをするのは、私の仕事ではない。そのために研究者がいて「教育史」という学問が存在するのだ。

ここでは、私たち教師が何気なくやっている小学校一年生の教育の方法でさえ、三、四百年の長い伝統に裏打ちされているのだということを言いたいのである。

だから、小学校一年生の入門期の教育方法は強靭なのだ。ちょっとやそっとの思い付き程度では崩れないのである。

もちろん、これがベストであるとは私は思わない。これらの方法に批判もある。かつて、『教師であることを怖れつつ』（明治図書出版）の中でも私はふれておいた。

ベストとは思わないが、それなりにベターだとは思う。それは、長い年月の間に、多くの教師によって改良が加えられてきているからである。

これはまさに一つの日本の教育文化なのである。どれほど優れた教師でも届かない境地がそこにある。このような教育文化を教師は学ぶべきではないか？　身に付けるべきではないか？　それでこそプロなのである。多くの教師の苦闘の歴史を自らの内にたくわえてこそ、教師のプロとしての一つの位置を自分も占めることができるのである。

それを、若い教師に「他人の真似をしてはいけない」と言う教師がいる。これは、幾百千万の先人の努力を無にすることなのだ。小さな自分一人を、幾百千万の先人、幾千年の教育の歴史の上に置くことなのだ。神をも恐れぬ暴挙である。

だから、現在の教育界では、素人程度のおしゃべりが通用しているのである。

他人の真似をすべきだ。よいと思うものは、どんどん真似をすべきだ。その上で考えるのだ。「なぜこれはうまくいくのか？」と。「もっとうまい方法はないものか？」と。

芸道修業の鉄則「守破離」の「破」は「守」を経てこそ、可能なのである。

4　新聞に紹介された法則化運動！

教育技術法則化運動は発祥してわずか二年足らずの段階で朝日新聞・毎日新聞という全国紙に大きくとりあげられた。

新聞記者の目にも「異常なブーム」と感じられたらしい。

（1）朝日新聞（昭和六〇年一一月二〇日朝刊）の内容

朝日新聞では、「教師とは―臨教審への問いかけ　6」と題されて紹介された。

千葉市内の大型書店が開催した私の講演会には遠方からの来場者を含めて約五〇〇人の若い教師や教職希望の学生たちが訪れていた。まずは私の風貌の紹介に続き、「子どもは発言したい時、小指が動く。その動きを見逃してはいかんのです。経験ある先生なら小指を知っている。」という発言を取り上げた。

公立小学校の教師が、三年間に明治図書から一七冊の本を出し、すべてが重版し、とくに新書の『授業の腕をあげる法則』は三カ月で一万二千部、一二冊セットの『教育技術の法則化』が計一〇万冊売れた。教育書としては異例のベストセラーだが、その理由を「同志・向山先生」と呼ぶ千葉大の宇佐美寛教授は「話が具体的だし、党派性がない。文章もいい。この三つとも残念ながら今の教育学界に一番欠けている。」と述べる。

つまりは、教員免許をもっていても教え方を知らない教師は、車のペーパードライバーと同じだということだ。子供たちへの指示でも「もっとがんばって跳び箱の練習をしましょう」ではなく、「一人が三回跳んだら、先生のところに集まります」と具体的にすることや、「一回に一つだけ指示せよ」とか、「子供たちへの問いかけ（発問）は短くせよ」と明確にすることに意義があるということだ。

全国の教師から寄せられた論文で編集した「法則化シリーズ」には、挨拶する子に育てる法、新しいクラスの子供の名前を三日で覚える、文章を検討させる方法、おとなしい子の考えを引き出す方法など、教師のハウツーが並んでおり、これさえあれば、誰でも教師になれる気がしてくると評されている。

熱意だけでは子供に教えられないことが、「うれしいというより憤りを感じました。なぜ、こんな簡単な技術が教師の常識にならなかったのか。教育学者たちの研究は何だったのか」という私の言葉をもって伝えられている。

私の教育技術への思いが記されていた。

（2）不理解と誤解

私の跳び箱の指導については、不理解や誤解も生じた。

私は、「跳び箱のことなどささいなことなのです。跳べなくてもかまいません」と言い続けている。そして私が言いたいのは次のことなのである。

> 全員を跳ばせる技術がある時に、それを身に付けない教師がいるのはさしつかえないことなのかどうか。

これは教師としての姿勢の問題をさしているのである。

それも、むずかしい技術なら話は少しちがってくるだろう。しかし、跳び箱を跳ばせる技術など五分で分かるのだ。こんな簡単な技術でたくさんの子供が救えるのである。事実、今までどうしても跳べなかった子が（先生が必死で教えても跳べなかった子が）向山式指導法で跳べるようになった。その数は全国で一万名を超える。跳べなかった子が初めて跳べた時、それは実に感動的である。

ある子は「胸がはちきれそうだった」と言って泣いた。

ある子は「死んだお父さんが生きてかえったくらいうれしかった」と喜んだ。そんな光景を見ていたクラスの子供も、大きな衝撃を受ける。「あいつはどうせ跳べないんだ」という、子供なりに感じていた社会的構造が崩されるからである。教師も衝撃を受ける。自分は今まで、何を指導してきたのかと……。こういうことをきっかけに、教師の教育研究、教師修業が始まっていくのである。

教師の姿勢については、医師のそれと比べてみると分かりやすい。

たとえば盲腸を治す方法があるとする。プロの医師には簡単な技術だろう。しかし、その技術を身に付けないで「盲腸は治らなくていい」という発言は医師として許されない。そんな医師なら患者は離れていく。ただ不幸なことに、医師とちがって子供は教師を選べない。

医師なら、盲腸を治す方法を身に付けるべきである。こんなの当たり前すぎることだ。その上で、患者の側からの「手術をしたくないのです」「このままそっとしておきたいのです」などという意見をうけ止めるべきなのだ。

跳ばせる技術がある時に、それを教師が身に付けないということは許されるのか？
教師はそんなに尊大であっていいのか？

また、「法則化運動」への誤解も多かったので、当時の考えもまとめておきたい。「法則化という形で、教師の個性や子供の個性を度外視するのでは、技術重視・子供無視に陥る」と捉えられることもあるが、これは全くもって間違っている。

私が進めてきたのは「法則化運動」であって「法則運動」ではない。「法則化」とは「永遠なる法則への接近過程」である。だから、私たちは「唯一絶対」のものを認めない。一つだけの方法を紹介することもない。技術方法は、数限りなくあると思っているのである。

教育技術法則化運動（略称ＥＳＭ）の方針

一　この運動は、二〇世紀教育技術・方法の集大成を目的とする。「集める」「検討する」「追試する」「修正する」「広める」（以上まとめて法則化とよぶ）ための諸活動を行う。

二　運動の基本理念は次の四つである。

①略

②完成された教育技術は存在しない。常に検討・修正の対象とされる。（連続性の原則）

後略

これは教育技術法則化運動の会則でもある。

「完成された教育技術は存在しない」のだから「常に検討・修正の対象とされる」と書いてある。さらに「追試・修正を通して教育技術を法則化する」という主張は教育技術法則化論文募集要項においても掲載されているのである。

つまり私たちは、よりよい教育を追い求め続けることが教師としてのあるべき姿だと認識しているのである。

(3) 法則化運動の基本理念

著名な研究者、実践家でさえ、誤解というより無知に基づく批判をされるので、法則化運動の会則に明示されてある「基本理念」を、くり返しになるがここでもご紹介しておこう。

基本理念は四つあって、文面は次のとおりである。

> 二　運動の基本理念は次の四つである。
> ①教育技術はさまざまである。できるだけ多くの方法をとりあげる。(多様性の原則)

②完成された教育技術は存在しない。常に検討・修正の対象とされる。（連続性の原則）
③主張は教材・発問・指示・留意点・結果を明示した記録を根拠とする。（実証性の原則）
④多くの技術から、自分の学級に適した方法を選択するのは教師自身である。（主体性の原則）

私たちは「何か一つのものを確立して、それを全国に広める」などとは考えていないのだ。それは、今までの民間教育運動の方法である。

私たちは、一つの方法だけに固執するのに反対なのである。方法はたくさんあると主張しているのである（多様性の原則）。

いろんな子供がいるのだから、一つの方法だけでカバーしきれるものではないのである。

また、技術・方法にベストなどということはない。完成されたなどということはない。常に批判し検討し修正していくものなのである。こうすることによって、わるいものはすてられ、よいものが残るという選択が行われていく。嘘やにせものは、全国の教師の追試によってあばかれ排除されていくのである。これは一つの教育研究のしくみなのである。

また、優れた技術・方法は他の人に伝達すべきであると考えている。

優れた方法を「私有財産」「かくし財産」にしている著名な実践家もいたが、私たちは、すべての技術・方法を「共有財産」にしようと考えている。

そのためには「わけの分からない論文」ではだめである。他人に役立つ論文にしなければならない。そのためには「教材・発問・指示・留意点」、などを明示せよと言っているのである。

そして、全国の教室にはいろんな子供がいる。どの方法を採用すべきかを判断できるのは子供を担任している教師だけである。これは当然のことだ。全国一律に同じ方法をやるなどというのは気味のわるい、子供無視の方法だ。担任が専門職として見識をもって、自分で技術・方法を選択すること、これも私たちの基本理念なのである。

つまり、法則化運動は、今までの教育運動に比べれば、比較にならないくらい幅が広いのである。「いいものはいい」という主義なのだ。

だから、いろいろな立場の人が参加してきたのである。

5　ブームだから青年教師は参加するのか

(1) 炸裂する法則化運動

当時、教育技術法則化運動は炸裂する勢いで全国に広がった。

「法則化シリーズの一五万冊突破」「新書『授業の腕をあげる法則』が大型書店で教育書ベストセラートップ」「新雑誌『教室ツーウェイ』の爆発的人気」などがそれを裏付ける。

二〇代教師の中で、毎月教育雑誌を一〇誌ぐらいは購入する知的で行動的な人が、次々にこの運動に参加してきていた。その数、全国で八〇〇名を突破した。わずか一年間の出来事である。このような巨大な運動は、作ろうと思っても作れるものではない。

「めぐりあう」というのが、適切な表現である。私たちは「教育技術の法則化運動」にめぐりあったのである。私の考えで言えば、これは五〇年に一回か一〇〇年に一回のめぐり合わせである。

たとえ何千名ものメンバーがいる団体でも、たとえ百億のお金をもっている団体でも、このような運動を作ることはできない。どれほど人間を投入しても、どれほどお金を使っても、歴史的な運動は作れないのである。一つの時代の焼けつくような渇望の流れが、その渇望を満たす人々に出会った時にのみ、可能な運動なのである。

だから、この運動に参加してくる知的で行動的な青年教師は次のように言う。

「法則化運動が発祥した時に、教師であった幸運を感謝します」

便りは次から次にある。山村、漁村、農村、離島、都会、文字どおり全国津々浦々から手紙は来る。来るというようななまやさしい状態ではない。次から次に、手紙はおしよせて来た。

教育技術の法則化運動は、まずよく本を読む二〇代教師に広がった。その後、二〇代教師全体の中でさらに広がり、三〇代前半の教師と女性の教師に広がった。また一部では、研究者、指導主事、学生、組合、附属小などに広がり始めた。さらに、他の職種の人々、たとえばコンピューターエンジニア、商社マン、通産省(現・経済産業省)の官僚、流通の専門家、医師などにも読まれ始めた。

NHKのあるディレクターは言った。

「先生、これ、ぜひビデオにしましょう」

取材に来た朝日新聞の記者は言った。

「これは事件です。というよりもっとセンセーショナルな出来事です」

取材に来た毎日新聞の記者は言った。

「事件です。面白いです。すごいです」

女子大生に人気No.1の出版社、F社の編集者は言った。

「この企画は、うちで手がけたかったです」

明治図書と教育雑誌の販売数を二分するS社の編集者は言った。

「教育界の活性化としていいことです」

体育教育雑誌No.1のT社の編集者は書いた。

「このようなことが体育教育でも必要です」

そして、明治図書の編集、営業、制作のスタッフは言った。

「本を作っていて、こんなに反応があるのは初めてです。期待され、待ちこがれられる本を作ることは楽しい。これは一出版社だけの仕事ではなく、多くの人々の意志に支えられているのです。法則化運動に出会えてよかった」

(2) 全国津々浦々から

教育技術法則化運動は、一九八四年の春に誕生した。

誕生して一年もしないうちに、炸裂するように全国に広がった。バスも通わぬ山の奥、瀬戸内海に浮かぶ小さな島にさえ、共鳴する教師、参加する教師はいた。

新書『授業の腕をあげる法則』（明治図書出版）は、五〇〇〇部が初版だったが、出版して三日で在庫がゼロになり一週間で二〇〇〇部の増刷となった。「この本を読んでよかった」「どう授業すればよいかはっきりした」という口コミとともに、一カ月で三刷になった。これは教育書としては、異常な広がりである。

とりわけ青年教師の間では、向山洋一の本、文章を一つ残らず追い求める「向山洋一現象」が生じてきたようだ。

岩手大学を初めいくつかの大学図書館から「学生の卒論のため次の文献の入手方法を知らせたい」という問い合わせや「卒論に向山洋一を取り上げた」という類の手紙が福岡教育大、岡山大、大阪教育大、千葉大、横浜国立大を初め数多く寄せられるようになった。

元筑波大附属小の有田和正氏は「先月、盛岡など四カ所に講演に行ったが、三カ所で『向山氏はどんな人なのだ』などという向山さんに関する質問が出た」と言われていた。「私も向山洋一現象を感じる」という。

全国から集まった九五二本の応募論文を選択構成した『教育技術の法則化』全一二巻は、

夏休み直前に五〇〇〇部出版されたが、これもあっという間に広がって、夏休み中に増刷になった。

教室ですぐに役立つ方法が分かりやすく書いてあるから、一度読むと次々と読み続けることになる。それがこれほど多くの教師の心を捉えてしまったのだ。だから本を読まない教師は、急速に時代から取り残されていくことになるだろう。

法則化サークルは、全国で次々に誕生した。現在もＴＯＳＳのサークルと名称は変わったものの全国のどこかに毎週一つずつサークルが誕生している。

私たちが働きかけたわけではない。自分たちで仲間を集めて、事務局に「サークルを作りました」と連絡してくるのである。

当時でも全国の半数以上の都道府県に法則化サークルは誕生した（愛知、新潟、静岡などでは県内に四つも五つものサークルがあった）が、現在ではＴＯＳＳサークルとして、全都道府県に作られている（現在では大半の県〈二四県〉が二ケタ以上のサークルをもっている）。

かつて日本の教育史の中に、このようにダイナミックでパワーにあふれた教育運動はあっただろうか？

法則化運動の波は、初め太平洋ベルト地帯が中心であった。ところが、あっという間に太平洋ベルト地帯を突破して、離島、山奥の僻地にまで広がり始めた。
二つの便りを紹介しよう。

札幌から車で三時間の田舎　　　　　　北海道寿都町　M・C

ここ寿都は札幌から車で三時間ほどの所にあります。国鉄の駅はありませんので、まさに田舎という所です。

それで、シリーズ一二冊の注文も一日も早くということで、札幌に注文しました。それも、少しでも早く手に入れたいので、二つの書店に四組ずつ分けて注文したのです。どちらの書店でも、入荷の連絡があれば、すぐにとりに行って読みたい気持でいっぱいです。

先生の提唱されたこの「法則化運動」が、どんなに私たち教師の求めていたものかお伝えしたかったのです。この田舎の町でも「法則化サークル」が七名で発足しました。

瀬戸内海の離島「男鹿島《たんがじま》」　　　　　　兵庫県家島町　M・K

私は、教師になって二年目です。人間同士のあったかいふれあいによって成り立つ教育の世界に憧れ、教師になりました。初の赴任先が瀬戸内海に浮かぶ離島「男鹿島」です。家のあります姫路市から南の海上一八キロ、船で四〇分足らずのところにありますが、採石を唯一の産業とする石ころばかりの不便な島。人口二百人弱、食料や生活用品をおく小さな店が一軒あるだけ。水道もありません。小学校は児童数昨年一九名、今年一五名(一年生なし)、二学期にはまたひとり転出予定です。職員数、学担五名、校長、教頭、養教、事務の九名、学校に隣接する職員住宅で、それぞれ自炊生活を送っています。いわゆるへき地離島小規模校(五学級)です。「二十四の瞳」に出てくるような学校なのです。へき地希望は出していたものの、生活の不安も大きい離島での教育活動に疲ればかり感じていました。朝は早くから弁当作り、授業、雑務、夕食、後片付け……教師なんてやめて姫路に帰ろうかとも考えたくらいです。児童数こそ少ないものの一小学校です。担当する教科、教科外の仕事もひとりでいくつもあり、教科によっては複式・複々式もあります。それに、九名の職員中六名が新任でしたので、わからないことばかりです。週末に姫路に戻っても「へき地で大変なんだから」と会う人ごとに話しました。話さずにはいられなかったのです。同情を求めていたのでしょうか。そして、自分では一生懸命仕事をしていたつもりでいました。

しかし、かんじんの男鹿の子どもたちは何も変わらなかったのです。二年目になろうとしていた時、初めてこのことに気づきました。子どもの成長を願っていたものの、憧れや自分本位の思い、新任、へき地の甘えばかりで、実際には何もやっていなかったということです。

二月末、校内の研究授業に失敗、失望した私に先輩の先生が小さな慰労会を開いてくださり、向山先生の本を紹介してくださいました。夢中で読みました。新しい世界が開けたような気がしました。

なぜ法則化運動はこれだけ広まるのか。理由はいろいろあるが、中でも次の二つが大きい。

A　法則化論文はすごく分かりやすい。そして書いてあるとおりにやると今までよりはるかによい授業ができる。

B　誰でも参加できる。山間、離島の教師でも参加できるくふうがいたるところにある。

法則化運動の論文は、「分かりやすい」「他人が真似できる」ことがポイントである。今までのほとんどの教育論文は「何を書いているか分からない」「自分がどうすればいいか分からない」「読まなくても困らない」というものであった。

法則化論文はちがう。「どうすればいいのかすぐに分かる」文章である。だから、次々にひきつけられていく。「これもやりたい」「あれもやりたい」という授業のポイントが次々に見えてくる。授業が待ち遠しくなる。

法則化運動は教育論文の書き方に革命を起こした。

また、この運動は誰でも参加できるくふうがいたるところにある。今までのように教育文化が高いところから低いところに一方的に流れるワンウェイの文化を拒否したところから出発したからである。

私たちに必要な教育文化は、全国津々浦々の教室にこそあるという考え方に徹している。これらの教室こそ、つまり教師と子供たちこそ、この教育運動の主人公なのである。様々な教室の文化を交信させること、つまり、ある時は受信者となり、ある時は発信者となるツーウェイ(双方向性)の文化こそ、私たちがめざす文化なのである。

「法則化シリーズ」は毎年二、三回一〇冊程度発行された。その後一二期一二〇冊以上。

再編集して『日本教育技術方法大系』全一五巻となった。原稿はすべて全国から公募された。

(3) 授業が変わるという確かな手ごたえ

「教育技術の法則化運動」は、なぜかくも広がっていくのか。それは「授業の腕が上がった」「教師としての自分が変わっていく」という確かな手ごたえがあるからである。

民間教育運動の中心になっていた教師も多い。附属小の教師もかなりいる。山間・離島の教師もいる。思想・信条・立場を超えて、まさに全国津々浦々に広がっていった。

極論すれば、「教師としての技量を向上させる確実な方法」を、法則化運動は教育史上初めて提起したのである。

言葉で人を変えることはできない。「考え方」を討論しても人は変わらないのである。しかし「事実」によって人は動く。もちろん「頭の固くなっている人」や、「自分こそすごい」と思っている人は別だが、水準以上の見識と知性のある人なら「事実」によって今までの何かを変え始める。

実践の事実、授業の事実、教育の事実の確かな手ごたえによって、法則化運動は広がっているのである。

当時は私のところに、毎日二〇通からの手紙が届いた。その中から、いくつか紹介してみよう。全国で広げられている若い教師のロマンが感じられると思う。

秋田県大曲市　　　　　　　　　　　　K・K(二七歳)

初めてお手紙さし上げます。私は秋田県の大曲市で小学校の教師をしている者です。秋田県、特に県南地方は、教育的に遅れている土地と私は思っています。ですから、他の先生方の授業から得ることより、本から得るものが大きく、関心のある本は、とにかくむさぼり読んでいるという状態です。

先生の著書と出会ったのは、『跳び箱は誰でも跳ばせられる』が最初でした。その本の題名が少し変わっていて(実に具体的で、魅力的だったので)目に入ったのでしょう。しかし、その本を実際読んだのは買ってしばらくしてからでした。あの方法を読んだ時は半信半疑でしたが、「まあ、やってみるか」と思い、実践してみると、本の通り跳べなかった子全員が跳べたのです。それからです。「向山洋一」というすばらしい、教師としてのプロを意識したのは……。

岩手県花巻市　K・T（三〇歳）

初めてお便りいたします。私は、岩手に住む三〇歳の教師です。先生の「斎藤喜博を追って」を始めとする数々の著書は大変興味深く拝読させていただいております。いつも読むたびに感心させられます。考えさせられます。そして、くやしくなります。自分の教師としての力量不足を痛感して。私は、先生の著書を次々に読み進む程に、自分が限りないアマ（甘）教師であることを認めざるをえませんでした。

本も読んでいる、教材研究もしている――が、所詮は見通しのない、その場限りの自己満足だったのです。

そんな中で、私もプロの教師になりたいと強く考えるようになりました。向山式開脚とび、一時一指示、安西冬衛の「春」の追試を私もやってみました。

どれも驚くばかりの成果をあげ、追試することによって、教育技術の何たるかを知り、授業が楽しくなりました。

向山式開脚とびの方法は、学校の全職員にも共通理解してもらい、実施したら、どの先生でもできました。特に女の先生の喜びは大きかったようです。

一時一指示で子供たちは、無駄な動きが消え、能率的な学習や作業ができるのです。

指示の重要さを知りました。

安西冬衛の「春」――黒板に提示し、授業を進めていくうちに、子どもたちが、ぐんぐん意欲的になってくるのがわかりました。詩人のえりすぐった言葉の響きと、一行詩にたくされた想い、そして「視点」という見方に、私も子どもといっしょにひきずりこまれてしまいました。


岩手県・秋田県の二人の教師の手紙だけで十分だろう。「授業が変わった」「手ごたえがあった」という事実こそが、法則化運動が支持される根幹なのである。

なお、岩手県・秋田県は全国的に見て最も反応がおそかった県であった（そんな県でさえ、一〇名に近い人々からの来信がある）。ついでに書くと、反応が最も早かったのは、太平洋ベルト地帯の「大阪・東京・兵庫・神奈川」の大都市を除いた地域、続いて北海道、新潟に飛んで、その次に大都市地区、現在は全国そこら中という感じである。

その後法則化運動が入っていった群馬県もある。

もちろん、群馬は斎藤喜博の島小学校（現・伊勢崎市立境島小学校）があったところである。

ここには、別々の三つの動きがある。つまり、法則化運動をすすめていこうというグループが群馬県内に三つあったということである。実は法則化運動では、こういう動きは決してめずらしくなくて、むしろごくふつうの事態である。

(ついでに書くと、法則化運動をすすめていて、島小学校の影響とは、まだぶつかっていない。県教研の代表になったグループが「昔、島小学校の報告にも似たようなのがあった」という年輩の教師の感想をもらったくらいである)

6　法則化運動の誕生と未来

（1）法則化運動の誕生

「全国の教師から優れた教育技術を集めたい」という構想は私が言い出した。私の著作を読んでいただければ、前々からこのような構想をもっていたことをご理解いただけよう。単なる思い付きではないのである。

私が原稿依頼をされて初めて書いた論文は、「跳び箱」の指導技術を論じた「絶えざる追究過程への参加」（『現代教育科学』一九八〇年六月号）だが、すでにその中で次のように書いている。

「斎藤氏の手にかかると、詩の読解も、とび箱でも、合唱でもなぜ不可能が可能となるのか」（『現代教育科学』一九八〇年三月号）という評価が安定的に語られているのである。少なくとも跳び箱の例は、「不可能が可能となる」というような、大それた代物ではない。「跳び箱を跳ばせられる」これが教師の常識とならなかった実践・研究に、私は小さくない問題を感じる。

「すぐれた教育実践は共有財産であるという思想」、「共有財産にする上で実践の批判・検討は不可欠であるという研究的方法」、「共有財産はすべての教師の参加によって創られているという学問的組織論」の確立が、一部の人々の努力にもかかわらず遅れているのである。

（中略）

私が宇佐美氏の「出口」批判に続いて、「跳び箱」批判を書いたのは「論争」の成立を願ってである。これは「出口」論争への補強論であり、教育実践の共有財産化への問題提起なのである。

この問題提起の出発点はただ一つである。

「跳び箱を全員跳ばせられることが教師の常識とならなかったのはなぜか」

私は名さえ知らぬ教師の仲間達に思いを馳せながら、自分の胸に言い聞かせる。すぐれた実践の創造は、教師全体に課せられた共同の仕事であり、幾世代にもわたり引き継がれていく課題である。

教育実践記録を書くことは、まとまった教育実践の発表であるというより、より価値ある教育をしたいという絶えざる追究過程への参加である。

私の問題意識は、この当時からはっきりとしている。一貫して同じことを主張していたのである。

時とともにその問題意識は成長していく。

また、この当時、安彦忠彦氏（現・名古屋大学名誉教授）への手紙でも次のように書いている。

一　「指導原理としての個別指導」「個別指導の教育課程への反映」「個別指導の事例の分析」は、どれ一つとってみても大きな課題であると思います。〝際限なく多様〟な教師の営為を考えれば〝際限なく拾う〟ことも大切であると思います。しかし、いずれその拾い方を組織化し、検討する方法を理論化しなくてはならないと思います。それは、どれくらいの時間がかかり、どれほどの人間を必要とするのかわかりませんが、誰かがしていかなくてはならないことです。そして、それは、日本中の教師の努力が蓄積され、次の代へ託していくという見通しを持ってされるべきことだと思います。

（中略）

三　私は実践家として、斎藤氏の実践およびその実践分析の不充分な点を主張していくつもりです。そうしてこそ、彼の本当にすぐれた点、学ぶべき点と不充分な点が明らかになると思うからです。そして、そのことは又、教育実践の研究方法に、なにがしかの点を、残すと思うからです。一ほどのことしかないのに百（いや万）ほどの結論を導き出す、各学校の研究にも影響を与えると思うからです。全国の百万の教師が、例えば、〝水泳のうき方〟〝ひら仮名入門〟など、限定した研究を一年間に一つでもまとめ、それが蓄積されれば、教育学の質が全くちがったものになると思うのです。そういうような研究が、個々人でも学校でも、ほとんどされてないことが、大きな問題と思うのです。そして、一ほどのことをして百ほどの結論を出す、教育実践研究の研究方法上の弱点は「出口」の授業の場合も同じだと思っているのです。

戦後最大の教育論争と言われる「出口」論争、跳び箱論争が法則化運動を生み出してきたのである。

私は全国的な研究システムを作りあげるということの構想をまず、明治図書の江部満氏と樋口雅子氏に話した。

それは江部氏が『事実と創造』（一九八三年八月号）に、次のように書いていたことが頭にあったからである。

私は、自分の編集の基本を「教育技術を特定個人の主観性の強い技術から、すべての教師が使いこなせる普遍的な客観性を持つ技術にとらえなおす」ことに重点を置いてきていた。
つまり、個別の教育技術を教師の共有財産として一般化させることに少しでもお役に立ちたいとする編集者の願いでもあった。

これはまさに「教育技術の法則化」である。
さらに江部氏は、次のようにも述べていた。

著者と編集者との関係が論じられる時、編集者はよく「黒子」にたとえられるが、私はこの言葉は嫌いである。この言葉の考え方の底には、書き手↓編集者↓読者というタテの関係が想定され、編集者は常に書き手との関係でとらえられていると思うからだ。もっといえば、本づくりに教養主義、啓蒙主義の考え方が根底にあるとみるからだ。このような構図は、いまは影をひそめつつあると思いたい。つまり、書き手＝編集者＝読者という関係でとらえるべきで、そこには「あたえる者」

と「うけとる者」という関係は存在しないはずなのだ。しかしこの考え方は、教育界ではなかなか通用しないようである。

これはワンウェイ（一方通行）文化に対する拒否である。ツーウェイ（双方向性）文化に対する志向である。

編集者と教師という立場はちがっていても同じ方向を模索していたのである。

このように、教育技術法則化運動は、向山洋一という一人の実践家の実践的帰結として、江部満・樋口雅子という二人の編集者の仕事上の帰結として誕生した。

後世「教育技術の法則化運動」に対して、様々な分析が加えられるであろう。そのために、このようなことを、きちんと書いておきたいと思った。

「毎期一〇冊ほどの出版物にしていこう」と構想されたのは、江部・樋口の両氏である。「教育技術の法則化」は、向山の命名だが、「教育技術の法則化運動」という名称をつけたのは、江部・樋口の両氏である。

単に論文を集めるだけではなく、一つの文化運動を初めから構想していた。基本構想について「京浜教育サークル」で検討した。「賛成であるが、どうやっていいか分からない。

はっきりと構想できない」というあたりが反応であった。ここまでは、研究者は一人も関係していない。つまり、研究者ぬきで誕生したのである。私たちの心に「研究者を頼ろう」という気持ちが、全くなかったからである。

続いて、向山と交信のある全国の教師・研究者に手紙を出して意見をいただいた。ほとんどは賛成の意見であり、貴重な提案もいろいろとあった。

初めに、はっきりと支持の表明をしてくださった研究者は千葉大学の明石要一氏である。しかも明石氏は「法則化運動の必要性の論文」を、何と小学館の『教育技術』誌に発表したのである。

私は明石氏と『教育技術』誌の編集者に感謝をした。続いて『体育科教育』誌（大修館）の編集者からも「法則化運動」の原稿依頼が来る。福武書店の編集者も合宿に参加された。「法則化運動」を見る目は、研究者よりも編集者の方が敏感であった、というのが私の感想である。しかも、編集者には「文化」を広げ、育てていこうとする精神があった。

研究者の多くは、今までの殻に閉じこもったままであった。中には、口ぎたなく誹謗《ひぼう》（批判ではない）する研究者もいた。

が、貴重なご意見をくださった宇佐美寛氏、斎藤勉氏をはじめ、多くのすばらしい研究者もいたことを付け加えておかなくてはならない。そして「私たちは研究者と訣別する」と決意を固めたとたん、実は、次々とすばらしい研究者と知り合い、出会っていくことになる。このことも、述べておかなくてはならない。その方々も、北海道から九州までの全域にわたる。

そして、一九八四年夏、第一回の合宿が三六名の参加で開かれた。これは、京浜教育サークルと愛知せんの会等の合同合宿を拡大したものである。

ここで、一二二本の応募論文がレポートとして印刷・配布された。三六名が、四苦八苦十六苦して「誰にでも分かる、役立つ文章」をもってきたのである。

ここに、初めて、法則化運動は具体的に歩み出したのである。

(2) 三四名中一七名が単行本を執筆

一九八四年の法則化運動第一回合宿の出席者は三六名であった。そのうち二名は福武書店の編集者であるから、実質は三四名である。

三四名の教師がいて、雑誌に論文が載るような教師が何人くらいいればふつうだろうか。

この三四名は、特別に優れた教師を選りすぐったわけではない。教育サークルに出てくる程度の情熱をもった並みの教師である。これまで、はなばなしい活躍をしたという人もほとんどいなかった。

さて、合宿から一年後である。わずか一年の間に、三四名中三二名の教師が明治図書の雑誌その他に登場するようになる(他の出版社の懸賞論文で優勝した人も出る)。この中には「法則化シリーズ」にだけ登場する人もいるから、それは除こう。何と言っても「法則化シリーズ」の応募原稿をもって集まった合宿である。

明治図書の雑誌に登場した人だけに限定しよう。教育雑誌に登場するのは、なかなか大変なことである。一つの都府県でまず一〇名ぐらい。一つの附属小学校でまず三名くらいというところだろう。つまり、一つの教科について言えば、県内で一名か二名というところなのである。大変な競争率と言ってよい。この原稿依頼がどのくらいかというと、二七名であった。合宿参加三四名中二七名なのである。

雑誌の原稿依頼は、ほとんど実力勝負の世界である。関係者を知っているから登場できるというような甘い世界ではない。あくまで編集者の目に適った人だけが登場するのである。だから、雑誌に載ることは、一種のハクがつくのである。その難関を三四名中二七名が通過したのだから、大変な成長率であった。

これだけでは、教師の成長が信じられない人のために、単行本の話をしよう。教師になった以上、一生の間に一冊の本は残したいものだという教師はかなりいる。ところが、ほとんどの場合は無理なのだ。確率で言えば、一〇の附属小学校の全教師の中から一〇年に一名くらいということであろう。なぜそんなにむずかしいかというと、教育書はなかなか売れないからだ。教育書に限らず、学術書・専門書は売れないからだ。

自費出版した教師の本なども、九九・九パーセントは売れないのである。『知的生活の方法』（講談社）で知られる、ベストセラーライターの渡部昇一氏でさえ、処女作を出すまでは、苦節六年の歳月があった。『続・知的生活の方法』（講談社）に次の記述がある。

私は自分の知的生産物たる本を最初に出版したときの事情を考え合わせざるをえない。多くの人は、最初の本を活字にするときの苦労を、不快の念をもって憶い出しているようだ。厳密にいえば、私の本当の最初の本については不愉快な記憶はない。それはただただ有難く、愉快なことだったからである。さっきのべた私の学位論文は、三百ページというかなりの大冊であったにもかかわらず、ドイツで出版費用が出たので苦労はなかったのである。ところが、日本における最初の本ということ話は別である。

外国で出た私の論文と同一分野のものは翻訳が出ている。どう考えても質的には劣っていない私の論文の翻訳を出してくれる出版社がどうしてないのか不思議であった。非常に有力な教授がいて、出版界に紹介してくれれば話は別だったろうが、私は当時、上智大学にそういう英語学の教授を持っていなかった。それに同情してくれた恩師が、いろいろな出版関係の人を紹介してくださった。ところがその教授はアメリカ文学であるから、英語学の本では交渉が間接的にならざるをえない。五、六年間、方々に頼んで回っても、なんらの成果もなかった。中には明らかに無礼としかいいようのない出版社があった（もっとも傲慢《ごうまん》で、その必要もないのに、はっきり侮辱的な言葉を浴びせた某出版社は、その後倒産して消えてしまった）。

最後に、一度断られたところではあるが、この分野では一流と目されたK社にもう一度交渉した。そして出版費はこっちがもってもよい、といった。K社の担当者は常に扱いが丁重であったが、出版費を負担するということを聞いて再検討してくれた。それは私が大学からもらう給料の一年半にもあたる額であった。こういうことについて家内はけっして文句をいわないどころか、むしろけしかける傾向があるので、貯金をはたいて出すことにした。
Ｋ社はやはり専門出版社だけあって、内容を認め、半額は出版社が負担するということにしてくれた。それで月給の約八カ月分を提供して出版してもらうことになったのである。

このような事情は多かれ少なかれ、専門書・学術書の分野には存在する。

たとえば、附属小学校・有名小学校などの教師が本を出す場合も、出版部数一二〇〇冊、そのうち六割は学校で買い上げという条件が半分以上なのだ。六割はその学校で買い上げて、残りを書店に配本して、まずほとんどは返品の山である。それほど専門書を売るのはむずかしいのだ。

では逆に「六割を自分たちで買い上げるから本を出させてくれ」と言えば、出版してもらえるのかと考えられる方もいよう。それは考えが甘いのである。内容がよほどよくなければ、出版社は断るに決まっている。きびしい審査を通過してさえ、先の条件が生きてくる。

ここらへんの事情は、知る人には常識的なことである。だから、私が本を出した時、「どれだけ買い上げなの」と訊かれた方がいる。それも一人二人ではない。五人、一〇人という感じである。

「いえ一冊も買い上げはありません。一〇〇パーセント出版社の依頼です」

こう答えると、「それはすごい」とどなたもおっしゃられていた。一冊も買い上げなしの一〇〇パーセント出版社依頼の著書は、それほどめずらしいのである。よほどのことがなければ、一〇〇〇冊も二〇〇〇冊もの本は売れないからだ。

さて、先の合宿の中から、この一〇〇パーセント出版社依頼の本を書く人が何人か生まれた。

大森修　『国語科発問の定石化』
根本正雄　『楽しい学習活動のさせ方』
石黒修　『学習への集中のさせ方』

この三人の本のすばらしさは、読まれた方ならお分かりだろう。面白く、分かりやすく、すぐに役立つのである。

これらの本はすべて、一カ月で三刷になった。

これだけでも大変なことであるが、その次に以下の二人がつづく。

石岡房子　『分析批評で国語科授業は変った』

岩下修『「指示」の明確化で授業はよくなる』

さらにまだいるのである。

佐々木俊幸『法則化「分析批評」の授業をつくる』

松本昇『国語科「冬景色」―向山洋一の授業』

ここまでで七名である。すごい数だ。しかしこれだけではない。まだいたのである。しかもおどろくことに二〇代の教師なのだ。二七歳といったところである。

二〇代の教師が三名も教育書を出版するなどということは、前代未聞である。

石橋卓(大阪)、杉山裕之(静岡)、西尾一(愛知)。

新しく誕生する『法則化双書』の三冊を担当した。「二〇代の教師だから大したことはないだろう」と思われる方もおられようが見くびってはいけない。一冊の本を出すというのは前述したように決して甘いことではないのだ。本人にそれだけの筆力がなければとても無理なのである。

私から言わせれば、日本中の二〇代教師で、教育論文の筆力でこの三名を抜ける教師はいないだろう思う。どこで力をつけたのか。本人の資質はもとよりある。しかし、この三名くらいの資質をもった人なら、日本中にいくらでもいる。教師修業の方法がちがっていたのである。

この三名は、一〇〇本に近い法則化応募論文を書いた。これだけで大変なのだ。応募論文を一〇〇本も書くということは、それだけで本人を急成長させる。

それに加えて、法則化合宿に参加していた。全国の教師の論文を見て、それに対する手きびしい分析批判を見てきた。自分の論文の欠点も分析されてきた。さらに二〇代講座に参加してきた。宇佐美寛氏、明石要一氏などの研究者、野口芳宏氏、有田和正氏、大森修氏、根本正雄氏、石黒修氏などの講義を聴いて育ったのである。そしてまた、「サークル」という日常的に研究する場をもち、仲間をもっていた。これらのことが原因となって急速に成長したのである。

実は、第一回合宿の当時、私にはこの杉山裕之・西尾一・石橋卓の三名に加えてもう一人注目していた二〇代教師がいた。M氏であった。この四名は、個性はそれぞれ異なるが、実践・筆力は同じくらいであった。

どうしてM氏が抜けたのかというとまわりの先輩の忠告なのである。

彼は当時二、三の雑誌に自分の論文が載った。それを見た、年輩の先生が「若いうちは論文などを書かないで、じっくり勉強をした方がいい」という忠告をしたのである。暫時悩んだM氏は、「しばらく法則化運動を休みます」という便りをくれた。

私は要旨が次のような便りを出した。

「教師の技量は、書くことによって向上していくのだと思います。書くことは大切な勉強なのです。しかし、自分の生き方は自分で決めていくものです。

京浜サークルは『来る者は拒まず、去る者は追わず』というのがモットーでした。私自身も去り行く人をひきとめた経験はありません。おしい人材ですが止むを得ません。どうかよくお考えになられて、悔いなき人生をお歩き下さい。

いつの日か、あなたにとってこの運動が必要となったら、いつでも戻っていらっしゃい」

そして一年間、M氏との交信は絶えた。その後M氏は新潟合宿に参加をし、すごいショックをそこで受ける。それは、わずか一年くらい前までは同じような力であった教師が、自分よりはるかに成長してしまっていたからである。

実はこれはM氏に限らず、半年ごとに行う合宿を一回休んだ人、みなの実感である。M氏の場合は、特別な事情があったのでショックはもっと大きかったのだろう。その時の感想文を、原文のままお見せしよう。

教育技術法則化運動からしばらく遠ざかっていた後の参加。夏期の合宿に参加して驚いたことが一つ。スタート地点ではほぼ同程度だったはずなのにもかかわらず、他の若手の教師とは既に雲泥の差がついていたのである。『書くことによって本人はのびていく』という向山氏の言葉通りであった。今の私ではたちうちできない、まさにカルチャーショックである。今から『先に行ってしまった人』に追いつけるだろうか？　不安ではあるが向山氏の言葉を頼りにレポートの量産につとめたいと思う。向山氏はこのように言われた。

「追いつくための目安は百本論文を書くことです。たとえ二〜三年かかってもです」。当面の目標を百本と決めた。もちろん内容もよかったが、おそろしいまでの刺激をうけたことが今回の最高最大の収穫であった。

一人の優秀な青年教師に、これだけのショックを与えるほど、法則化運動に参加している教師は急成長したのである。

この運動には、いくつもの研究団体から人が流れ込んできた。自分たちの求める何かがあるからだ。多くの人はそれを「教師として成長していることを実感できるのがすばらしい」と表現している。

さて、話をもとにもどす。

第一回合宿参加者で単行本を出す予定の人はまだいた。石川裕美、山田政俊、永冨英雄、板倉弘幸、佐々原正樹、秋山達也である。

何と第一回法則化合宿参加者三四名のうち、一八名が単行本の執筆者になるのだ。しかも、これらはすべて一カ月で増刷の売れ行きである。法則化運動が、教師としての力を急成長させるということの何よりの証明である。三四名の合宿参加者で一八名の単行本の刊行は、おそらく、日本教育史に特筆される出来事であろう。

(3) 法則化運動は未来を見つめて

法則化シリーズ第一期出版物の巻末に私は、法則化運動の未来について書いた。

一九八四年に運動が誕生してわずかに一年目の文章である。しかしそこには、大切なことがほとんど含まれている。ここに再録しておく。

法則化運動は未来を見つめて

全国からの応募論文をもとに、毎回十冊くらいのシリーズを発行します。シリーズを年に二、三回発行します。

五年たつと百五十冊を超えるシリーズが出されます。途中で、パンフレット型のハンディなもの、すぐにファックスできるものを開発します。

二百冊以上出版されたら、それを学年別・教科別に組みかえて「日本教育技術・方法大系」を作ります。

また、これをすべてコンピュータに入れて検索できるシステムを作ります。

法則化シリーズをコンピュータに入れるための研究・開発はすでに始まっています。(ぜひあなたもご参加ください)

京浜教育サークルでは三年前に、教科ごとの指導案を集めたことがあります。各教科一〇〇〇は超える指導案をカードにして収集しました。しかし、これはあきらめました。他の人が使えないのです。

発問・指示などがほとんど示されていないからです。

法則化運動は、この時の教訓をしっかりと身につけました。

コンピュータに入れるのは、他の人が使える形になっていないと、ほとんど無意味なのです。そして、「他の人が使えるような報告物」は、ほとんどないのです。

だから、法則化運動では「分かち伝える書き方」を特に重視して開発しました。


さて、「日本教育技術・方法大系」「コンピュータ検索システム」と共に、ファックス教材・授業のビデオなども開発します。

これらの仕事を一通りしたら、運動を解散します。また、途中であっても二十一世紀には解散します。私達の意志を、この運動で育った若い世代が受けついでくれるでしょう。新しい形の運動を作っていくでしょう。新しい世代は古い世代にしばられることはありません。二十一世紀には二十一世紀の運動が必要です。

十五年、二十年したら、運動は全体として古くなります。力を失くしていきます。歴史的使命を終えるのです。次の世代へバトンタッチすることは大切なことです。そのため、法則化運動は解散のことまで決めてあります。

幾世代にもわたる教師全体の巨大なロマンの一ページを、法則化運動が担当できるということで、十分私達は幸せに思っています。

教育技術法則化運動は、教師に数多くの有益な情報をもたらし、教師を成長させていく運動であった。これほど「自由」で「幅が広く」て「パワーに満ちた」運動は他にないだろう。教育技術法則化運動は、根拠さえ示せば「教育技術法則化運動は必要ない」という意見まで認めてしまうのである。

自己否定できることは、あらゆるプロにとって必須の条件なのである。

7　今は孤立の闘いなれど

(1)　オホーツクサークル通信

北海道の法則化オホーツクサークルの青坂信司氏は、全道教研で概要次のような報告を行った。これが、全生研の会員から総批判を浴びたという。

報告書概要

根室支部別海中央小　青坂信司

いじめ等の問題行動の克服は、それに対する対策とともに教育活動そのものを見直す必要があると考える。

そして、その見直すポイントが、子供に自由と平等を与えているか、ということにある。

本レポートは、私が、一昨年・昨年ともち上がりで、三・四年の担任をした時の実践報告である。

いじめ等の問題行動の克服は、ともすれば、それのみに目をうばわれ、対症療法的な指導に終始しがちであるが、学級集団の質や教育活動の内容をぬきに、真の克服はありえない。

教師自身の内なる差別感を排し、真に一人ひとりを大事にし、子供の心の奥深くに働きかけていく実践こそ望まれている。

私の実践は、ほとんどが東京の教師向山洋一氏の追試であった。

力量のない教師の私が、向山洋一氏の教室経営を真似することによって、人並に教室経営ができるようになった。


二年間の実践で、子供たちは、「差別」に立ち向かい、たたかう子供たちに成長していった。我が学級にボスは存在しなかった。たとえ仲の良い同士であっても、学級会で相互に批判しあい、それが終わるとケロッとして、何事もなかったように遊びに興ずるようになっていった。四年生後半になっても、男子と女子が平気でとっくみあいをし、男子と女子の区別や変なテレはなくなっていった。また、学級行事も、自分達で計画し、自分達で運営し、仕事を分担するようになっていった。例えば、四年生「お別れ会」の原案は、印刷物で五〇枚程であった。

このような子供の成長は、教育活動全体に子供に自由と平等を与える努力を払ったことによる、と考える。

そして「法則化オホーツク通信」で、青坂信司氏は次のように書いている。

法則化オホーツクNo.7、一九八五・一二・二四

私は、一一月一日〜三日にかけて北海道教育研究集会(全道教研)に参加した。根室の正会員として、生活指導分科会に出席するためである。

私のレポートは、「子供に自由と平等を!」と題して、私が昨年・一昨年もち上がりでみた小学校三・四年生の実践をまとめたものである。

生活指導分科会に三〇本レポートが出された中で、私のレポートだけが異質であった。

私の二年間の実践は、向山洋一氏の論文を追いかけ、そして氏の真似をしてきたと言っても言い過ぎではない。しかし、その二年間で子供達は、私の予想を越えて成長していった。

それらのことを二年間の実践の事実として報告したのである。

生活指導分科会に参加している共同研究者および多くの正会員は、全生研を支持する方々であった。

その生活指導分科会で私のレポートは、いくつかの批判をうけた。

それにも関わらず、毎日新聞社の記者がとりあげてくれたのである。

> 若い教師も頑張っている。根室管内別海中央小の青坂信司教諭(二八)は「教室に差別を持ち込まない」実践に取り組んだ。持ち上がり三、四年生を受け持った二年間、週三回のペースでガリ版の学級通信を三百号も出した。その中で自分の思いを父母にぶつけ、学級の出来事を包み隠さず報告した。

この事実は、何を意味するのか。

この記事を書いた山下記者は、「いくつかの集会・会議を取材した」中から、私の実践に注目してくれたのである。

それも「いじめ」を解決する方向性をもった実践としてである。

「全道教研」では、批判され、無視された。

しかし、新聞社の記者がとりあげてくれたというのは、「実践の事実」に注目してくれたというほかにない。

「班・核・討議作り」がどうの、「理念」がどうの、ではなく、子供を成長させ、親の意識を変えていったという「事実」こそが、新聞記者を動かしたのである。

私は、そのように認識している。

何故に、全生研（全道教研に参加した全生研の会員）は、「実践の多様性」を認めないのだろうかと思う。

何故に、「実践の事実」から批判をしないのだろうかと思う。

ちなみに、全生研から批判された点は、次の通りである。

一　リーダーをジャンケンで選ぶことは、実践の見通しがない。
二　ジャンケンをやって、本当にやりたい子から不満はでないのか。
三　ジャンケンで民主的な子が育つはずがない。
四　ジャンケンは平等なのか。
五　技術に傾倒しすぎている。

六　理論がない。

青坂氏の報告は、「全道教研」では批判された。実践の中の優れた点は何も認められなかった。私がその一〇年以上前、全国教研に出た時と同じである。

批判はあってもよい。しかしなぜ「子供がこのようになった」という報告をぬきに批判をするのか。「事実」をもとにした批判ではなく「理念」をもとに批判をしているのである。「教育研究」に限らず、すべての研究は具体的「事実」をもとに批判を展開すべきなのだ。

そして、もう一つ大切なことは、全道教研に参加した全生研の会員は「実践の多様性」を認めてないという青坂氏の印象である。異なる意見、異なる実践をあたかも敵のごとくに排除する……こんなことで優れた実践が作れるはずはない。

全生研は、かつては「ボロ班指導」（班ごとに競争をさせて、最下位の班をこう呼んだ）などを中心とした一つの指導方法が確立していたから、異なる実践をことさら排除するようになってしまうのだろう。今までの民間教育運動の致命的な欠陥である。

教育技術の法則化運動はちがう。会則において、「方法の多様性」を認めているのである。

私たちは唯一絶対の教育技術を認めない。いかなる方法も批判・検討の対象とする。また、様々な方法の存在を認める。

「様々な方法が現に存在するから認めるのだ」という消極的理由からではない。子供には、様々な個性があり一つや二つの方法ではとうていカバーしきれないからだ。無理にやろうとすると子供の個性を圧殺することになる。

様々な個性の子供たちに対応できるように、教育の技術・方法も多様であるべきなのだ。

「全道教研」で総批判をあびたにもかかわらず毎日新聞には、前掲（一三九ページ）の記事が載った。

かなり大きな扱いである。新聞記者の方が、はるかに教育への感性が優れていたわけである。

もっとも、全生研がこのような状態だと、まじめな人はそこを離れるようになる。まじめな人というのは、実践の多様性を認めることができる人である。自分の頭で考えていく人である。

法則化運動には、全生研を離れた若い人が次々に参加してきている。北海道にもこの傾向は生じるであろう。

この時、法則化運動は始動してわずか二年であった。このわずかな時間で先行する研究会をしのぐほどの成長をした。当時、すでに一〇〇あまりのサークルができ、勢いはとまらなかった。新参の教育誌『教育ツーウェイ』の発行部数は、老舗雑誌をはるかに超えていた。

この原稿を読み直していたころ（一九八六年一月三日）、北海道のＨ・Ｈ氏から一通の便りがあって次の文章が入っていた。

拝啓

向山先生の本をいつも読ませていただき、授業技術や子供の見方も少しずつ上達してきていると、（自分勝手に）思っています。

さて、私は教師五年目のものですが、研究というものが、いまだにつかめません。私が過去に経験した研究、あるいは見に行った研究というものは、たいてい「すばらしい目標」にのっとって、点検を一〇以上も行い、点検表の結果にもとづき、賞罰を与えるというものでした。目標はすばらしく、外部の人間から見ても子供は整然と行動するのですが、その内実は競争によって動かされているだけのものです。さまざまな方法の一つとして点検があるのではなく、研究の内容すべてが点検に始まり、点検に終わるというものであり、「なぜそうするのか」という指導は、ほとんど入っていないのではないかとさえ思ったものです。（後略）

自分が過去に経験した研究、あるいは見に行った研究がすべて「点検」「競争」だというのである。これは異常な出来事だ。子供は逃げられないのだからこれ以上の悲劇はない。教育の方法は、様々な形が作用した方がいいのである。

（2）向山報告と全生研

さてここでさらに古い話になるが、私自身の体験も付け加えよう。今から四五年も前のことである。

全国教育研究集会が山梨で開かれた。河口湖湖畔の宿は寒く、外は雪が積もっていた。私は教師四年目、「自由と平等の場からの出発」という実践記録を持参して、この研究集会に参加していた。生活指導分科会の東京代表だったのである。

私は「ボロ班制度」を基本とした全生研の実践家と連日の論争を続けていた。圧倒的少数派の私たちに対して、千名を超える参観者は大きな拍手を送ってくれた。しかも、その拍手は次第に大きくなっていった。

こう書くと四〇年以上も前のことなので勝手なことを言っていると思われる方もおられよう。そこで、全生研の機関紙『生活指導』一九七二年六月号から引用しよう。

全国教研に参加して　　　　　　　　　　　　全生研岩手サークル

全国教研に参加してわたしたちの実践の貧しさと理論学習の浅さを痛感させられた。それにしても全生研の理論を〝ひからびたもの〟とする批判がかなり執拗に出されてきたことはオドロキであった。

だが、これらの批判の中に、理論的にも実践的にも確かめなければならないことの多いことも知った。（中略）

どの子もリーダーがやれるようにしたいということはだれしも同じだが、集団とかかわりなしにリーダーが決められるジャンケン班長は、班長と班員の固定化現象を打ち破るものとする東京代表の主張がどうしてもわからなかった。（中略）

だが、ここでわたしたち自身の実践の甘さを自己批判せずにはいられない。学級集団のチカラの的確な分析とその上に立って、どういうチカラに依拠して当面、集団づくりをすすめていくか。そして、そのチカラをどう組みかえていくかという見通しなしには、東京からの指摘のように班長と班員の固定化現象をひきおこすからである。（後略）

この文章で「東京代表」と書いてあるのは、私、「向山洋一」のことである。

各県代表のほとんどが全生研の会員である分科会の論争で、全生研の内部にある種の反省をもたらしたのだから、この時の論争は一応のものだったと評価できるであろう。それにしても、私のことが「全生研」の機関誌にこのような形で出ていたとは、びっくりされる方もいるだろうと思う。

この時はもう一つの思い出がある。

宿舎の夜は、同じ大田区から参加した人々の懇親会だった。そこで私は、ある大きな民間教育研究団体のサークル責任者をやっている同年代の教師から次のように言われた。

「向山は、えらそうなことを言うけれど、どの雑誌にも自分の実践や論文を発表していないじゃないか」

私はもちろん、自分の実践や論文が価値あるものなら、発表したいと思っていた。いつの日か、自分の本を一冊出してみたいとも思っていた。だが、それは実現不可能な夢のまた夢であった。私には、かすかな手がかりさえなかったのである。

しかし一方では、私は斎藤喜博のやった仕事をひきついで、それを超えていく仕事をやるかもしれないというほんのかすかな予感はあった。ほんのかすかな予感である。「この人の仕事をひきつぐのは私ではないか」という、根拠も何もないかすかな予感である。

「自分に対する限りない過大評価と他人に対する限りない過小評価」が、青春時代の気負いの常だが、私も多分そうであったのだろう（もっとも、いい年をしてこの気負いをもっているエライ研究者や実践家もいるが）。

問題は、私が「書きたい」という願望を実現させる方法をくふうするかどうかではない。私が「私でなければできない仕事」にめぐりあうかどうかである。もっと問題なのは、私にそれだけの力があるかどうかである。

だから私は、質問された、先の教師に次のように答えた。

「私は仕事はめぐりあわせだと思っている。もちまわりだとも思っている。

私がやりたいことをどこかで、どなたかがやってくださるなら、私がしゃしゃり出てその人のかわりにやろうとは思わない。ささやかな力ながら応援すればよい。

しかし、私にしかできない仕事があるのなら、何年かかろうが何十年かかろうが、私はきっとその仕事にめぐりあうだろう。その時は、全力をあげてその仕事をやっていくと思う。

ただ、そのようなことは私の一生をかけても来ない気もするが……。私は大きな研究団体に入っていない。東京の片隅のそのまたはずれの小学校で実践をしているだけだ。発表の場所はどこにもない。しかし、それでもよい。私はそれで満足している。あなたは自分たちの研究団体の機関誌もある。発表の場もある。それは幸せなことなのだ。努力していただきたい。

しかし、一〇年後、二〇年後、どちらがどのような仕事をやっているかは、誰も分からない。だから人生は面白いのだ。

むろん、あなたがますます活躍されている可能性の方が大きいのだが……」

今でもその場面を思い出す。大きな民間教育研究団体をバックにしたおごりを私は感じた。嘲笑されたことへの怒りもあった。しかし、どれほど大きな団体がバックにあろうとも、結局のところは「仕事」によって勝負が決まっていくだろうと思っていた。大きな団体にいることはよい「仕事」ができやすいという有利な条件があるにすぎない。

しかし、そのことにいい気になっておごりが生じれば、歯牙《しが》にもかけない若い教師からも「スキ」を見つけられてしまうのである。

山梨での研究集会から一五年近い歳月が経った時、向山実践は、多くの若い教師を捉え始めた。実践の広がりもそれなりについてきた。

法則化運動も誕生して、研究団体としての規模も、国内最大級になり『ツーウェイ』誌も間もなく、最大部数を記録した。

全生研はあいかわらずのようだ。むしろ上昇期の方がみずみずしさはもっていた。

機関誌の中で「自分自身の実践の甘さを自己批判」し「東京(向山)の指摘」を受け入れるだけの感性は持ち合わせていたのである。

北海道の青坂氏が孤軍奮闘している姿は、その後、自然に解消されていった。

全国津々浦々を包み込んでいった法則化運動(現・TOSS)の波がオホーツク海の見えるところまで押しよせてきたからである。今や北海道は全国一のTOSSサークル数を有するまでに成長した。

8　生まれるものには生まれる必然がある

教育技術の法則化運動は二〇代教師、三〇代前半の教師を主力にした運動であった。全国の優れた教育技術を集め、広めていこうという運動であり、自分の教師としての腕を向上させていこうとする運動であった。

教師の教育技術は様々である。大きな意味の技術もあれば、ささやかな意味の技術もある。昔流行《はや》った技術もあれば、新しく生まれた技術もある。新しく生まれた革命的方法でも、次の時代には常識となる。多くのものが生まれ、多くのものが滅んでいくなかで、いくつかの大切な技術が残され伝えられていく。

江戸時代、寺子屋の師匠は子供と向かいあって対面のまま筆を動かしたという。つまり逆に筆を動かすのである。NHKクイズ面白ゼミナールの会議でスタッフから聞いたことである。しかし、この技術は今はすたれてしまっている。時代とともに滅んでいったのである。

人は時代の中で呼吸をしている。教育も同じである。生まれるものには生まれる必然があり、滅びるものには滅びる必然がある。

新潟大附属新潟小学校の伊藤充氏は、ある新聞の中で次のように書いた。

> 生まれるもの滅びるものには必然がある。明確に生まれ、厳粛に滅びるがいい。

まさにそうである。

法則化運動は歴史の明確な必然において、誕生したのである。

法則化運動は、さらに発展するだろう。

知性的な青年教師の圧倒的多数がここに参加をするだろうと私は三〇年前に書いた。法則化運動が現在では、夏のセミナーに千余名が、冬の合宿には六百余名が参加する日本最大の民間教育研究団体TOSSへと発展したのである。

> 何事によらず革命または改良ということは、必ず新たに世の中に出てきた青年の仕事であって、従来世の中に立っておったところの老人が中途で説をひるがえしたために革命または改良が行われたということはほとんどその例がない
>
> 正岡子規『病牀六尺』

解説

自分の中の「未熟さ」や「おごり」を射抜き、プロ教師をめざすための必読書

埼玉県公立小学校　木村重夫

Ⅰ　授業の根本的思想がちがう

一年生の算数教科書に「電車ごっこ」をしている子供たちの挿し絵があった。

ひろしさんは前から六人目にいる。ひろしさんの後ろに四人いるが、大きな木で二人しか見えない。問題。「みんなで一〇人います。ひろしさんまで六人。後ろに四人。四を求める式はどうなりますか」

おとなしいＡ男が小声で「２＋２」と言った。私は意味がわからなかった。

> 「確かに２＋２は４だね」と形式的に認めた。この対応を向山氏に批判された。向山ならこのようにしない。（中略）小声で「２＋２」と答えた子への対応は、向山は、全く別の方法でする。（中略）「木村先生の対応と向山の対応」そこには「授業」の根本的思想の違いが見え隠れする。

あとからわかった。「2＋2」とは「木の後ろの二人」と「見えている二人」なのだ。木村は「10－6」を出させようとしか考えていなかった。いわば「教師の論理」で進めていた。しかし、A男は「子どもの論理」で答えたのだ。さらに言えば、木がなければ「2＋2」は出てこなかったはずだ。教科書が「木で隠す」挿し絵だったからだ。つまり「教材の論理」から生まれた発言だと向山氏は言われた。

向山氏は一瞬にして、A男の発言の真意を理解されたのだった。

本書第1章の「授業の原則（技能編）八カ条」の「第二条　子供は断片的にしか訴えない。言葉にさえならない訴えをつかむのは教師の仕事である」は、まさにこのことを指している。「2＋2」と断片的に発言したA男の真意をつかみ、「木の後ろの二人と見えている二人を足したんだよね。すごいなあ！」とほめるのは、教師の仕事なのだ。

2　授業が粗いんだ

韓国の先生達が参観された四年生算数の「飛び込み授業」。参観された向山氏からこう言われた。

木村、おまえ、授業ヘッタクソだなあ。

SNSでさらに厳しいご批判をいただいた。

授業が粗いんだ。いい気になってんじゃないかなあ。木村はまじめな男だよ。勉強家でもある。しかしほんのかすかな行為がずれてんだ。

木村八段のへったくそは、部分的な間違いではない。教材研究の不足でもない。そういうのは、五段以下のレベルの話だ。木村八段の一時間の授業全体の組み立てに関わることなのだ。（注・「段」とは「TOSS授業技量検定」の段位）

向山氏は私の授業の大きな問題点を二つ指摘された。極めて具体的な場面である。

1　スキルの答え合わせで、「やったあ！」の声が出なかったのはなぜか。
2　ノートチェックの時、列ができたのはなぜか。

授業全体の組み立てに関わる。さかのぼって授業初めの基本型の指導に行き着く。最初の指導が甘かったのだ。「位取り」の押さえ、「概数にする方法」の押さえ、「切り上げ・切り捨て」の対処の仕方を、全員にきちんとやっていなかった。できない子がいる事実の確認と対応ができていなかった。「授業が粗い」「いい気になっていた」のである。

「授業の原則（技能編）八カ条」の「第八条 プロの技術は思い上がったとたん成長がとまる」を実感した授業であった。何度も読んでわかったつもりでいても、「思い上がった事実」をつくってしまう。自分の中の「未熟さ」「おごり」を射抜き続けなくてはならない。

3 授業の腕を上げるための「思想」を学べる書

本書は「授業の腕を上げる法則」の「中級編」である。授業技術を本で読んで「わかったつもり」になるのが一番こわい。目の前の子供に授業して、子供の事実で検証する。実力のある先輩に授業をみていただき、批評していただく。常に謙虚に技能を磨き続けることが必要である。

私は、本書から授業の腕を上げる「プロの心構え」を学び続けたい。

さらに授業の腕を上げる「プロの思想」を学んでいきたい。

『続・授業の腕を上げる法則』は、最先端の特別支援につながっている

長野県公立小学校　小嶋悠紀

発達障がいを持つ子どもを取り巻く環境は、前回の『続・授業の腕をあげる法則』が発売された当時から大きく変わってきている。様々な対応法の発展、薬の処方、特別支援学級在籍数、そして、「発達障がい」という言葉にいたるまでいろいろな変化が生じた。

しかし、この変化の中においても『続・授業の腕を上げる法則』が今なお、力強くその魅力を輝かせているのには理由がある。

それは、『続・授業の腕を上げる法則』が最先端の特別支援につながっているからだ。

第一条　子どもの教育は菊を作るような方法でしてはならない。

平成二八年四月より「障害者差別解消法」が施行される。その中には「合理的配慮」が明記されている。当人や家族からの要望があった場合、その症状に合わせた配慮をしなかった時には、法律違反となる。特別支援教育における個別支援が法制化されたことになる。

では、学校の中の授業を見てみよう。

行動の遅い発達障がいの子どもを「遅い！　早く早く！」と追い立てる。黒板の文字が

写せない子どもに「もっと集中して！」と責める。未だにこれらのような場面が見受けられる。これらの対応は特別支援教育ではない。これは、凸凹を持った子どもたちを「普通の子どもに近づける教育」であり、「菊を作る」のと同じである。特別支援教育は、その子のニーズに応じて、その子が学習できるように個別の支援を展開することが必要である。まさに「百姓の菜大根を作る」である。特別支援教育における思想が最初に強調されている。

私自身も新卒当時から、向山氏のこの第一条を知っていたことで大きく助けられた。一人一人ニーズが違う子どもに対して、個別の配慮や支援を丁寧に展開することができた。

第二条　子どもは断片的にしか訴えない。言葉にさえならない訴えをつかむのは教師の仕事である。

発達障がいを持つ子どもは、不適応行動を表出させることが多い。概してそのような行動を目にしたときに「あの子は障がいがあるから困った……」と考えてしまいがちである。しかし、発達障がいのある子どものそのような行動にはすべて「意味」がある。ある学校に訪問したときのことである。常に教室を飛び出している子どもがいた。私が少しでも姿を見せると、すぐに逃亡をしてしまう。担任の先生は何とか教室に入れようとするが、パニックになって暴れ、教室の中に入れば所構わず物を投げつけた。私は、その子を別の静かな教室に連れて行き、たった一つだけ質問をした。「教室の中で、一番いやなものは何？」。その子はたった一言だけ答えた。「音……」。これで全てのパーツがつながった。彼は聴覚の過敏性を持っているのだ。そのため、教室の中にいることだけで、情緒的に乱れてしまっていた。しかし、それを「言語」として表出できずに、不適応行動として表現をしていたのだ。その後、特別支援学級の落ち着いた環境で過ごすことでこの不適応行動は徐々になくなっていったという。「言葉にならない訴えをつかむ」とは、まさに発達障がいを持つ子どもの「アセスメント」のことを指している。アセスメント無くして、特別支援教育は絶対に成り立たない。

第七条　技術は、向上していくか後退していくかのどちらかである。

私が特別支援教育に出会ったのは、二〇〇一年であった。その当時の、最先端の特別支援教育を様々なセミナーで学んだ。

そこから一四年。その当時のテクニックで生き残っているものもあれば、これは「明らかに間違いであった」というものもある。

さらに、医学・科学技術の進歩により、発達障がいの子どもへの、脳科学やエビデンス（科学的根拠ベース）にもとづく指導も明らかになってきた。

さらに、一四年前は「〇〇障がい」「△△障がい」という括りで対応法が分かれていた。しかし、診断基準が変わり、それよりも様々な「心理アセスメントバッテリー」を用い、アセスメントを行い、そこから個別の教育計画を立てなければ対応が難しくなってきている。より個人への対応に分化していっているのだ。

また、虐待や育児放棄に代表される「反応性愛着障がい」も注目を浴びるようになった。今までの発達障がいと似た症状であるが、対応法が全く違ってくる。それに対するスキルアップも欠かせない。

特別支援教育は、教師自身が研修と修業を継続的に行っていかねばならないことを痛感していく。今、持っているものは数年で過去のものになってしまうほどその進化のスピードは速い。

向山氏の『続・授業の腕を上げる法則』の中に示されたことは、時代の最先端をツイているると同時に、いかなる時代の課題にもマッチするように書かれている。

ぜひこの『続・授業の腕を上げる法則』をその時代の最先端のトピックに照らし合わせながら読んでいってほしい。

学芸みらい教育新書 ❻

新《しん》版《ぱん》 続《ぞく》・授《じゅ》業《ぎょう》の腕《うで》を上《あ》げる法《ほう》則《そく》

2015年11月10日　初版発行
2017年4月1日　第2版発行

著　者　向《むこう》山《やま》洋《よう》一《いち》
発行者　小島直人

発行所　株式会社学芸みらい社
〒162-0833 東京都新宿区箪笥町31番 箪笥町SKビル
電話番号 03-5227-1266
http://gakugeimirai.jp/
E-mail：info@gakugeimirai.jp

印刷所・製本所　藤原印刷株式会社

ブックデザイン・本文組版　エディプレッション（吉久隆志・古川美佐）

ISBN978-4-905374-91-6 C3237